上・平成三〇年（二〇一八）一〇月七日に落慶した平成の中金堂。創建時の姿を正確に再現している

左上・明治七年（一八七四）に中金堂須弥壇下から発掘された一三〇〇年前の鎮壇具の一部。舎利石と黒石玉、黒水晶玉など（東京国立博物館蔵／国宝）

左下・同じく須弥壇下から出土した鎮壇具、華やかな「金銅唐花文鋺」（東京国立博物館蔵／国宝）

前頁・整然と並ぶ軒丸瓦が流れるような稜線を形づくり、美しく葺き上がった大屋根に金色の鴟尾が輝く

上・造立当時の輝きが蘇った釈迦如来坐像と、復興した法相柱（写真左端）

下・奉納された柱絵原画の一部。仏教に造詣の深い日本画の畠中光享画伯による作品。一四人の祖師のうち、右より玄奘三蔵、慈恩大師、淄州大師、濮陽大師の四人。鮮やかな群青を背景に、平成の法相柱が再興された（詳細は四章参照）

画・畠中光享

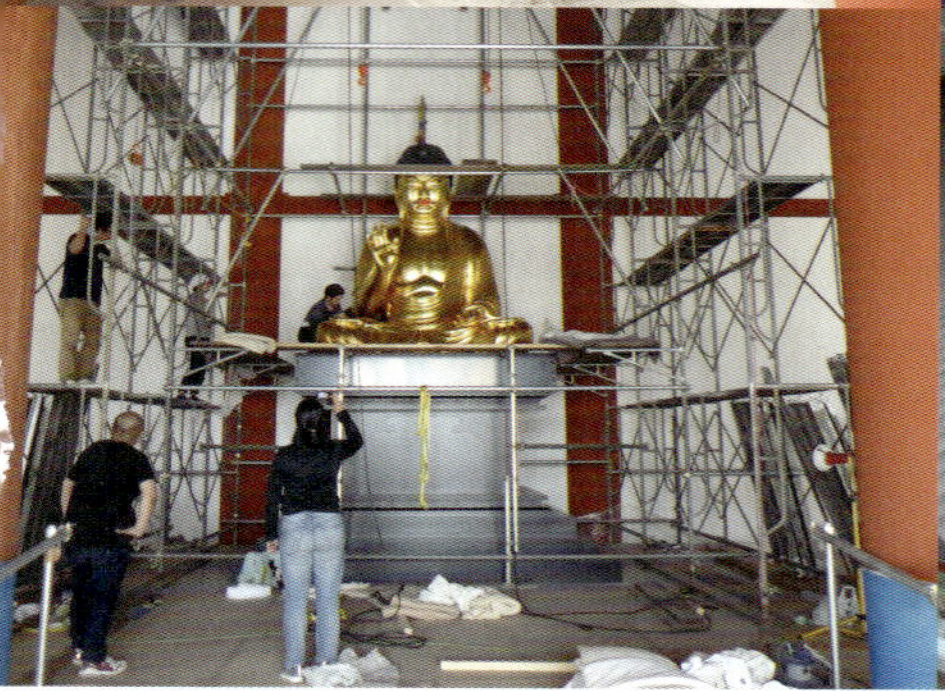

右上・平成二七年（二〇一五）一〇月、金箔を押した一対の鴟尾が取りつけられた。高さ約二メートル、重さ一・一トン

右下・魔除けの意味をもつ鬼瓦

左上・丹色に塗られ設置された六六本の柱

左下・御本尊、釈迦如来坐像が安置された

蘇る天平の夢
興福寺中金堂
再建まで。
25年の歩み

多川俊映

集英社インターナショナル

蘇る天平の夢　興福寺中金堂再建まで。25年の歩み

目次

第五章　木材と瓦、職人たちの力を結集

はじめに

興福寺伽藍《がらん》の中核施設・中金堂《ちゅうこんどう》——。その本来の規模と様式を備えたお堂は、三〇〇年もの間ありませんでした。

一八世紀初頭の享保二年（一七一七）一月の大火で、興福寺は境内の中心から西半分を焼失。そのとき、応永六年（一三九九）に再建《さいこん》された中金堂も焼亡し、それ以来、中金堂再建は苦難の道を強いられました。

むろん、即座に復興計画が立てられました。しかし、時の利を得ず、ついに天平規模の再建は見送られ、約一〇〇年後の文政二年（一八一九）になって、規模を縮小した仮設堂宇《どうう》がようやく造立されました。これをともかくも「中金堂」と称したのですが、創建規模の重厚な殿閣造りとはほど遠いものでした。なお、この文政仮堂は新築ですから鮮やかな丹色《にいろ》に仕上げられましたので、その後、「赤堂《あかどう》」の名で親しまれました。が、この名称には、どこか賤《せん》称《しょう》の趣があります。創建規模の重厚な殿閣造りをイメージすれば、それも仕方のないことかもしれません。

この文政仮設の中金堂はその後、明治・大正・昭和と長期にわたり、ともかく興福寺の中核施設としての役割を果たしてきたのですが、昭和四〇年代に入ると急激に老朽化し、須弥壇《しゅみだん》上のご本尊をはじめとするご仏像にも影響が出始めました。そうした折、同宗の薬師寺さんの旧金堂が解体されたのを譲り受けて、昭和四九年（一九七四）、その用材で講堂跡に昭和の仮金堂（現・仮講堂）が建設されました。

さて、平成になり、元年（一九八九）九月に筆者は興福寺貫首《かんす》に就任しました。就任して先ず最初に行ないましたのは、境内をさまざまな角度から改めて眺めてみることでした。そして、そこにあった境内は、公園的形状が勝ちすぎる景観で、また、樹木が密植され境内の見通しも悪く、雑然としたものでした。

一方、日本建築史が明らかにした奈良時代の興福寺伽藍復原図は、実に整然としたものでした。この大きな落差を少しでも縮めることができたら、というのがそのときの正直な気持ちでした。それに、興福寺は和銅三年（七一〇）の創建ですから、平成二二年（二〇一〇）は「創建一三〇〇年」です。

これは、境内の史跡整備（基壇表示）とその眼目の中金堂の天平規模と様式による再建のまさに好機、それを逃してはいけない、という思いを強くしました。そこで、平成二年（一九九〇）に中金堂再建について親しい瀧川昭雄棟梁と相談を開始し、また、平成三年（一九九一）には、元・奈良国立文化財研究所長の鈴木嘉吉先生をはじめ、各分野の学識経験者のご参画を得て、興福寺境内整備委員会を発足。興福寺境内の問題点を整理していただき、その上で、史跡整備について基本構想を策定していただきました。

また、当山としても、創建一三〇〇年に当たる平成二二年（二〇一〇）を中心にその前後各一〇年、つまり二〇年間を「創建一三〇〇年記念事業期間」と位置付け、史跡整備を進めると同時に、懸案の中金堂再建事業に微力を傾注することにしました。本書はそのあらましで、また、木工事の瀧川昭雄さ

ん と瓦の製作と葺き工事の山本清一さんの、現場としてのお話も収録させていただきました。

関係各位のご指導、また、多くの皆さま方のご協力・ご参加という尊いご縁の下、興福寺中金堂は本年一〇月七日ついに再建成り、落慶いたしました。折にふれ、再建された中金堂の雄姿の下、天平の昔に想いを馳《は》せていただければ、うれしく思います。

平成三〇年一〇月一一日（中金堂落慶 結願の日）

興福寺貫首　多川俊映

カバー／表紙　興福寺中金堂（写真　飛鳥園）
ブックデザイン　鈴木成一デザイン室

第一章

境内整備と中金堂再建を志すまで

貫首になり、境内を眺めてみれば……

平成元年（一九八九）九月一日、私は興福寺貫首に就任しました。四二歳のことでした。特に秀でた才能をもっていたわけでもなく、貫首就任はひとえに山内事情によるものでしたが、しかしいずれにせよ、南都の大寺《だいじ》としては異例の、若い貫首が誕生したといわれました。

就任後、親しい寺社へご挨拶に伺いますと、「あんた、大変やでぇ」とおどかされたり、「大丈夫や、やれる。がんばり」と激励されたり。反応がものの見事に二分することに、我ながら「おもしろいなぁ」と感じました。

どうしてこんなに違うのだろう？

そこで、よくよく考えてみますと、「大変やでぇ」のほうは、おおむねそれ相応の年齢で一寺の代表者に就かれたお人の物言いで、その経験からすれば、至らぬ若造にはさぞかし荷が重かろう……と思われたのだと気づきました。

一方、「大丈夫や、やれる」と声をかけてくださった長老さんや管主《かんす》さんは、実は皆、私と同じ四〇代前半で一山《いっさん》の代表者になった人たちでした。ご自分の経験をもとに激励してくださったわけで、今思い返してみても、つくづく心強く、有難いことでした。

貫首に就任した当時、私は改めて当山境内をさまざまな角度から眺めてみました。そこにあったのは、明治以来の、あまりにも公園的形状が勝ちすぎた姿でした。ほとんど無秩序に樹木が密植された境内は、あたかも暗く鬱蒼《うっそう》とした森のような様相で、その中に堂塔が散在し、生い茂る枝や緑の間から五重塔の上部や東金堂《とうこんどう》の甍《いらか》がちらちらと垣間見えるといった状況でした。

また、創建以来、常に興福寺の信仰の中核施設であった「中金堂」は老朽化の一途をたどり、無残な姿をさらしていました。朽ちて垂れ下がってきた軒をつっかえ棒で支え、天井のあちらこちらから雨漏りがする……。一時は仏像の上にテントを張ってしのいでいましたが、これでは法要もままならないと、私の父親である先々代の貫首・多川乗俊（一九五四－八四在職）が、昭和四九年（一九七四）に中金堂北の講堂跡地に「仮金堂」を建て、ご本尊などを移安していました。私が貫首に就任した当時の中金堂は、朽ちた建物が残るのみで、その内部はほぼ空っぽの状態だったのです。

あるとき、こんなことがありました。私が五重塔の近くを歩いておりましたら、観光客とおぼしきお人が、「ここは興福寺ですよね？」と尋ねられます。「そうですよ」とお答えすると、今度は西のほうにある南円堂《なんえんどう》を指して、「あそこはどこのお寺ですか？」とおっしゃられる。せっかく遠方から参拝に来ていただいても、興福寺の信仰の中核施設も判然とせず、境内の全体像を把握していただくこともできない……。申し訳なさと同時に、口惜しい思いがこみ上げたことは言うまでもありません。

当山は、創建一三〇〇年の歴史を誇ります。奈良時代の伽藍復原図を参照すれば、その伽藍は整然と結構されており、また創建当初は日本最大の寺院建築物であったと伝わる中金堂の壮麗な雄姿がしのばれます。

それに比べて、眼前に広がる境内の有様はなんたることか。このすさまじいばかりの落差はいったい何なのか――。正直、そのような思いを抱いておりました。

そうこうしているうちに、境内整備と中金堂再建という喫緊《きっきん》の仮題が自らの中に浮かび上がってきました。参拝に来られた皆さんに、天平時代に創建された興福寺のイメージを持って帰っていただきたい。そのためにも、藤原不比等《ふじわらのふひと》が天平の仏教文化を切り拓き、常に当山の中心として機能してきた中金堂を復原したい――。その思いは日に日に大きくなっていきました。

平城京を見下ろす立地の興福寺

法相宗《ほっそうしゅう》大本山として知られる興福寺の起源は、天智《てんち》天皇から藤原の姓を賜った藤原（中臣《なかとみの》）鎌足《かまたり》が開いた「山科寺《やましなでら》（山階寺《やましなでら》）」にあります。

鎌足は、大化の改新のときに中大兄皇子《なかのおおえのおうじ》（のちの天智天皇）を支え、蘇我入鹿《そがのいるか》を打倒した人物として有名ですが、その決起が成功することを祈って、釈迦三尊像と四天王像を発願《ほつがん》しました。天智八年（六六九）、鎌足が重い病を患うと、夫人の鏡女王《かがみのおおきみ》が病気平癒を祈願して、これらの諸像を安置するために山科（現在の京都市山科区）に寺を造営することを勧めたと伝えられています。これが当山の発端で、この山階寺の名前は後世においても興福寺の別称として使われています。

その後、壬申《じんしん》の乱（六七二年）を経て都が飛鳥地方に戻った際に山階寺も移建され、その地名を取って「厩坂寺《うまやさかでら》」と称されました。

そして和銅三年（七一〇）の平城遷都に伴い、遷都を実質的に主導した藤原不比等によって新都に遷《うつ》され、「興福寺」と名づけられました。以来、一三〇〇年もの長きにわたり、法灯を守り続けています。

不比等は鎌足の二番目の息子ですが、一一歳のときに父を亡くし、後ろ盾を失って下級官人から立身した努力の人で、七世紀末になって朝廷の中枢に進出し、絶大な権力を握るようになります。また、不比等の妻・賀茂比売《かものひめ》が産んだ娘、宮子は文武《もんむ》天皇夫人となってのちの聖武《しょうむ》天皇を産み、もうひとりの妻・橘三千代《たちばなのみちよ》との間には、聖武天皇の妃となる光明子《こうみょうし》（光明皇后）が誕生します。興福寺は藤原氏の氏寺《うじでら》としてだけでなく、このように皇室とも深い結びつきを得て、隆盛を極めていきます。

興福寺は、平城京の東端に東西南北各四坪（古代の一坪＝約一〇九メートル四方の正方形）という広大な境内地と、さらに南西側には菜園や苑池（現在の猿沢池《さるさわのいけ》）などを有し、その敷地は全部で二四坪（約二六一六平方メートル）にも上りました。

また、立地もたいへんに優れておりました。興福寺は、神々が宿るとされる春日山系の麓に広がるなだらかな丘陵地の先端部分に位置しています。興福寺から西を見れば、「咲く花の　薫ふがごとく　今盛りなり」と『万葉集』に謳《うた》われた平城京の中心部を見渡すことができ、反対に平城京の中心部・大極殿《だいごくでん》辺りから東を見れば、春日の山を背景に興福寺の堂塔がひときわ目を引く存在であったと思われます。

私は、今でもよく興福寺から平城宮跡まで歩きます。直線距離で約三・五キロメートル、歩くと約四キロで、時間にして四五分くらいでしょうか。実際に歩いてみると、第一にその近さを実感します。そして、いつも「双方向の眺望性」に感動しています。興福寺からは平城京跡が、平城京跡からは興福寺の堂塔が、昭和三〇年代くらいまで本当にスカッと見えました。今では背の高いビルが立ち並ぶためスカッととはいきませんが、それでも歩くたびに、不比等はこの「双方向の眺望」を意図的に計画したに違いないと確信すると同時に、当時の風や景色を想像しては天平の夢に遊んでいる次第です。

不比等の思いが詰まった「(中)金堂」

平城遷都から間もなく、興福寺の伽藍が造営されました。不比等が最初につくったのが「(中)金堂」で、和銅七年(七一四)頃に完成したと考えられています。本尊は、父・鎌足の発願にならって釈迦三尊像が安置されました。

金堂とは、仏教寺院において本尊像を安置するためにつくられる堂のこと。伽藍を形成する中心的建造物で、仏殿や本堂とも呼ばれます。奈良時代には一寺院で複数の金堂を併置した例も見られました。興福寺でものちに東金堂と西金《さいこん》堂《どう》が建立され、三つの金堂が並び立つことになったことから、中心に立つそもそもの金堂が「中金堂」と呼ばれるようになりました。

中金堂の規模は、それまでの寺院建築の中で最大で、正面三七メートル、側面二三メートル、高さ二〇メートル。平面の大きさ、つまり床面積が平城京

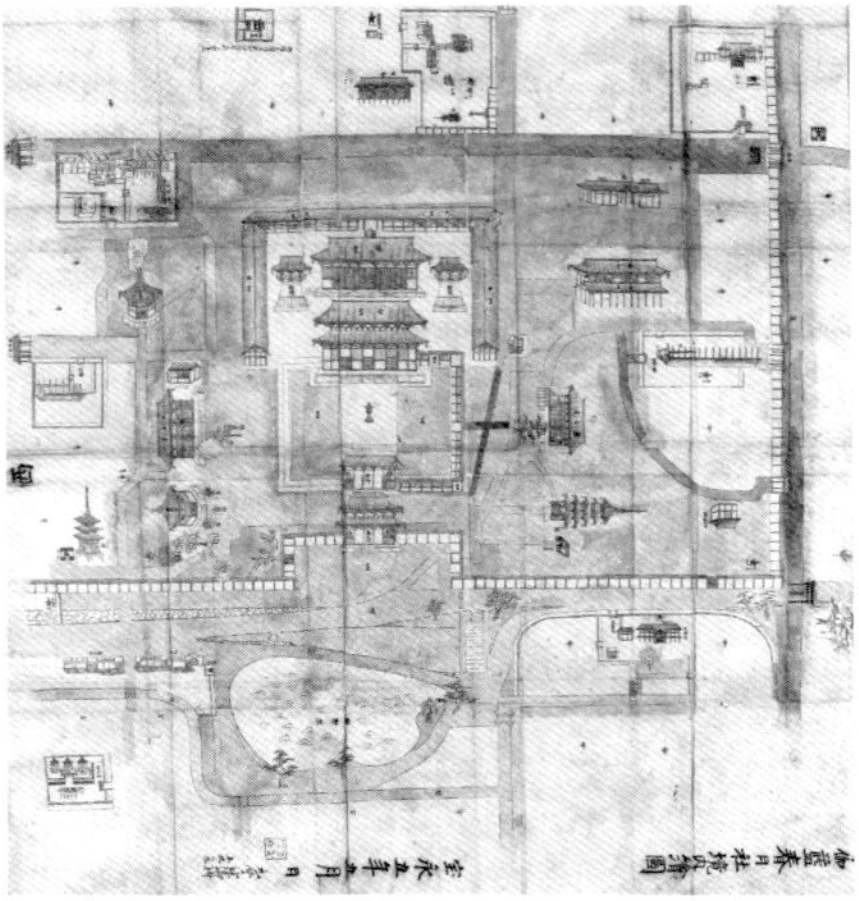

「春日社寺曼荼羅図」の一部
宝永五年(一七〇八)作成。中世以来の伽藍の様子を伝える貴重な史料

の第一次大極殿正殿とほぼ一緒であることからも、不比等にとっては平城京の造営と興福寺の造営が一対の計画であったことがうかがえます。中金堂の前には「中金堂院」と呼ばれる広大な前庭が広がり、各種の法会が行なわれました。不比等はこの中金堂の創建をもって、新時代の仏教文化を切り拓こうとしたのでしょう。

養老四年（七二〇）に不比等が亡くなると、その一周忌に、妻の橘三千代が（中）金堂の須弥壇《しゅみだん》の西側に弥勒《みろく》浄土の群像を発願し、夫を供養しました。これにより中金堂には鎌足と不比等ゆかりの仏像が並ぶことになります。

また同年、元明太上《げんめいたいじょう》天皇と元正《げんしょう》天皇は不比等の菩提のために「北円堂《ほくえんどう》」を建立《こんりゅう》し、弥勒如来が本尊として安置されました。これは不比等が生前に弥勒信仰をもっていたからだと伝えられますが、それにしても天皇家が一氏族のために堂宇を建立するのは異例のこと。不比等がいかに絶大な影響力をもっていたかがうかがえます。

その後、神亀《じんき》三年（七二六）に聖武天皇が元正太上皇后の病気の回復を願って薬師三尊像を本尊とする「東金堂」を建立し、さらに天平二年（七三〇）には光明皇后が「五重塔」を創建。これら二つの堂塔が立つ中金堂の東側は、聖武天皇と光明皇后が発願した区画として整備され、築地塀《ついじべい》と回廊で囲んで「東院仏殿院」と称されました。

一方、中金堂の西側には、天平六年（七三四）、光明皇后が前年に亡くなった母・橘三千代の一周忌供養として「西金堂」と本尊の釈迦三尊像を発願。また、弘仁四年（八一三）、藤原冬嗣《ふゆつぐ》が前年に逝去した父・内麻呂《うちまろ》の菩提のために、西金堂の南側に八角円堂の「南円堂」を建立。こうして中金堂の西側エリアは藤原一族の菩提を祈る聖所となったのでした。

平城遷都とほぼ同時に始まった興福寺の造営は、この南円堂建立をもって全容が整ったことになります。同時に優れた仏教美術が育まれ、奈良時代には南都四大寺、平安時代には七大寺の一つに数えられ、手厚く保護されました。

こうした興福寺伽藍の周辺には多くの子院（付属寺院）が建てられ、最盛期には一七〇余宇に上りました。なかでも天禄元年（九七〇）に定昭《じょうしょう》が創立した「一乗院」と、寛治元年（一〇八七）に隆禅《りゅうぜん》が創立した「大乗院」は、皇族・摂関家の子弟が入寺する門跡寺院として栄えたのです。

度重なる焼失と再建の果てに

振り返れば、興福寺の歴史は、度重なる大火や平重衡《たいらのしげひら》の南都焼き討ちによる焼失と再建の歴史でもありました。特に深刻なダメージを受けること九回。中金堂も七回も焼失しました。

その事例を挙げると、次のようになります。

平安時代

①永承元年（一〇四六）の大火　中金堂・講堂・東金堂・西金堂・南円堂・鐘楼・経蔵・南大門・僧坊など（北円堂と蔵を除く伽藍の大半）を焼失

②康平三年（一〇六〇）の大火　中金堂・東西回廊・中門・南大門・維摩堂・三面僧坊などを焼失

③嘉保三年（一〇九六）の大火　中金堂・東西回廊・中門・南大門・鐘楼・経蔵・僧坊などを焼失

④治承四年（一一八〇）の平重衡による南都焼き討ち　中金堂をはじめ、ほぼすべての堂宇を焼失

鎌倉時代

⑤建治三年（一二七七）の大火　中金堂・講堂・中門・南大門・三面僧坊などを焼失

⑥嘉暦二年（一三二七）の大火　中金堂・講堂・西金堂・南円堂・中門・南大門などを焼失

南北朝時代

⑦文和五年（一三五六）の大火　五重塔・東金堂焼失

室町時代

⑧応永一八年（一四一一）の大火　五重塔・東金堂・大湯屋焼失

江戸時代

⑨享保二年（一七一七）の大火　中金堂・講堂・東西回廊・中門・南大門・西金堂・南円堂・三面僧坊焼失

このように繰り返し伽藍を焼失してきましたが、その後の復興・再建はほぼ順調に進められました。興福寺のように国、あるいはそれに準ずる寺院の復興には、創建者たる藤原氏はもちろん、時の朝廷や幕府から相応の支援が得られたからです。

そして興福寺の場合、堂宇の再建造営の際には、平面寸法は従前のものを厳密に踏襲するなど、いつの時代も「天平への回帰」というテーマが固く守られてきました。

ところが、最後の大火となる享保二年（一七一七）に焼失した伽藍の復興は、ほとんど進捗しませんでした。この大火で、興福寺は大打撃を受けています。講堂に入った盗賊が灯《あか》りに用いた火が燃え移り、火元の講堂はもとより、中金堂、中門《ちゅうもん》、東西回廊、三面僧坊、南大門《なんだいもん》、西金堂、南円堂が焼失。つまり、伽藍の中央から西半分を失ってしまったのです。

すぐに再建計画が立てられましたが、コトは思うように進みません。時の将軍・徳川吉宗からは、「徳川家が興福寺を造立した前例はない。また、興福寺には毎年修理料として一〇〇〇石あまりを与えているのだから、それでまかなうように」とすげなく援助を断られ、なんとか三〇〇〇両の寄付金と募金活動の許可を得るにとどまりました。

この時期は運悪く、幕府が政策的に寺院の復興に関心を示さなくなっており、幕府の財政も逼迫《ひっぱく》、興福寺も経済的に苦しい時期にありました。藤原氏一族も地位と名誉はあるけれど、資金力と権力はすでに失いつつあったのです。このような厳しい状況の中で、興福寺は宝物を江戸や大坂に出開帳《でがいちょう》するなどして、資金調達に奔走します。

焼失から二四年後、唯一、西国三十三所観音霊場の一つであった南円堂だけが復興造営の機運に恵まれ、寛保元年（一七四一）に立柱《りっちゅう》します。しかし、普請《ふしん》は何度も中断を余儀なくされ、さらに五五年後の寛政九年（一七九七）に入仏供養。八〇年もの月日をかけて、ようやく日本最大の円堂建築として再建されました。

これ以降、興福寺は、この南円堂信仰を中心に据えて寺院の運営に当たりました。要するに、南円堂が「本堂」の格で、内外の篤信を受けてきたわけです。

一方、本来の中核施設である中金堂は、焼失から一〇二年後の文政二年（一八一九）に、町家の人々の寄進によって上棟されました。しかし、これは規模を大幅に縮小して建てられた、いわば仮設堂宇でした。屋根瓦の質も悪く、のちに雨漏りにも悩まされることになります。要するに、規模、質ともに「中金堂」ともいえないものでしたし、さらにこの仮設堂宇は、丹塗りの色が他の堂宇と比べて鮮やかだったため、「赤堂」などとも呼ばれていました。その呼称は、ある種の賤称であったと思います。

また、講堂・東西回廊・中門・南大門・西金堂などの再建復興もなりませんでした。こうして興福寺は、本来の伽藍とは似ても似つかぬ姿のまま、明治という新たな時代を迎えることになったのです。

「公園の中のお寺」に変貌

ここで、当山境内が森のようになったいきさつについて、簡単に説明しておきましょう。

明治元年（一八六八）、新政府は「王政復古」「祭政一致」の理想実現のため、神仏習合（神仏混淆《こんこう》）を禁じ、神仏分離令を発しました。神と仏を切り離し、神社を優遇して寺院を排斥するというもので、明治初期には廃仏毀釈《はいぶつきしゃく》の嵐が吹き荒れました。ほぼ一〇〇〇年もの間、日本文化そのものであった神仏習合思想が、十分な議論も経ずに、打ち捨てられたのです。

これにより、日本人の宗教観は著しく損なわれました。もともと神道は、この世に存在するものすべてに価値があるという教えですし、仏教には衆生《しゅじょう》という言葉があるように、命あるものすべてを大事にしていきましょうという考え方です。ですから、神道と仏教が結びつくのは非常に自然な流れでした。お正月には氏神様を詣で、お盆には氏寺やお墓を参るという習慣は、ずっと昔から続けられてきたのです。それを制度的に明確に分けなさいというのですから、一般の皆さんもたいへんに混乱したわけです。

また、各地の寺院も著しく荒廃しました。藤原氏の氏寺である興福寺は、藤原氏の氏神を祀《まつ》る春日大社《かすがたいしゃ》と一体化した大組織であったため、とりわけ混乱をきたしました。当時の春日社興福寺の境内は、興福寺の地所にたくさんのお社《やしろ》がありましたし、春日の地所にもさまざまな仏教施設が点在するなど、渾然《こんぜん》一体としておりました。それを形の上でもすっきり分けよとのことでしたから、興福寺にあったお社は全部解体して春日に運び、そして春日にあった仏教施設は壊されたり興福寺に移されたりしたわけです。たとえば、春日には興福寺の寺僧が参籠《さんろう》する参籠所がいくつもあったのですが、それらはことごとく潰されました。寺僧はこぞって還俗《げんぞく》し、多くは新たに神司《かみづかさ》の称号を賜って春日神社への神勤めの身となりました。

明治四年（一八七一）に寺領が没収されると、興福寺は大幅に縮小され、荒廃の度を進めました。鎌倉時代から残っていた食堂《じきどう》や細殿《ほそどの》などの建築は撤去され、五重塔や三重塔も売却の危機に見舞われました。中金堂（赤堂）は改造され、県の庁舎や警察署、群役所として使用された時期もありました。

この頃、興福寺は「無住《むじゅう》」の状態だったといわれます。無住とは、誰もいないのではなく、無住持の意味。要するに責任者不在の状態です。責任者がいないのですから、国宝をはじめとする貴重な文化財の保護もままなりません。こうしたなか、伽藍堂塔の仏像は幸いにもあまり被害を受けませんでしたが、子院群の仏像や経典の多くが流出し、または焼き払われるなどの被害を受けました。

そして、寺の境内地は、その大部分を公園として利用する施策が採られ、明治一三年（一八八〇）の太政官布達《だじょうかんふたつ》により、春日野とともに奈良公園となりました。

公園化を進めるために境内に次々に植樹がなされ、おまけに寺域と俗世間とを遮断していた築地塀（大垣）も取り壊されてしまっていたために境界もあいまいで、公園の中のお寺といった様相になっていきました。同二二年（一八八九）には、奈良公園に東大寺や氷室神社などの境内も編入され、その規模はさらに拡張されていきます。この当時の様子は、同二八年（一八九五）に奈良を訪れた正岡子規の句に、「秋風や　囲いもなしに　興福寺」と詠まれています。

ちなみに、当時は社寺境内地の公園利用が広く全国で推進されました。たとえば東

明治五年（一八七二）撮影の興福寺北円堂。寺領が没収され、荒廃が進む様子がうかがえる

京の上野恩賜公園も、もともとは寛永寺の境内敷地でしたし、京都の円山公園は長楽寺を中心に、八坂神社（当時は祇園《ぎおん》感神院《かんしんいん》）や円山安養寺、雙林寺《そうりんじ》の境内の一部を召し上げて造成されたものです。

もちろん、この間に興福寺復興の動きもありました。明治一四年（一八八一）には、旧興福寺関係者の連署で内務省に提出していた再興願が認可され、翌一五年（一八八二）には管理権が興福寺に返還されました。しかし、「地所については公園のまま据え置くから、その旨心得るよう」との通告があり、公園化がやむことはありませんでした。

その後、徐々に行政レベルでの古社寺

保存の機運が高まり、同二一年（一八八八）に還仏会が執り行なわれ、同三五年（一九〇二）には五重塔の、同四三年（一九一〇）には三重塔の保存修理なども行なわれました。しかしこれらは「とりあえず」というレベルのもので、むしろ一般的には「公園の中のお寺」という認識が次第に定着していきました。

私は、昭和二二年（一九四七）に興福寺で生まれました。物心がついた頃といえば、昭和三〇年（一九五五）前後でしょうか。その頃の日本には今のように娯楽が多くありませんでしたから、厳しい冬を乗り越え、春を迎えて桜が咲くと、たくさんの人々がどっとお花見に繰り出しました。

興福寺の境内にも桜の木が多く植樹されていましたので、中金堂（赤堂）の前庭や境内のあちらこちらに花見客があふれ、毎日のように宴会が開かれました。今のようなブルーシートではなく、おのおの新聞紙を敷いて、折詰弁当などを開いて酒宴を開くのです。百歩譲ってそれはいいとしても、しかしゴミを持ち帰る人はほぼ皆無でした。新聞紙も折詰の箱も、酒瓶もほったらかしのまま。それをシカがあさって、ゴミはいよいよ散乱し、悪臭が漂う……。夜間に雨など降ろうものなら、翌朝は目もあてられません。

そうした状況は、少年だった私の目にも「無残」に映りました。強烈な印象として残っており、正直に申し上げれば、子ども心にとても傷つきました。そのときの思いが、私が境内整備と中金堂の再建を志すベースになっているのかもしれません。よく、「この頃の日本人は……」などと嘆かれますが、私に言わせれば、「あの頃の日本人は本当にマナーが悪かった」ということになります。今は、多くのお人がゴミは持ち帰りますし、公共心があって誠にけっこうなことだと感じています。

少年時代から僧侶になるまで

子ども時代の話が出たついでに、私が僧侶になるいきさつを少しお話ししましょう。

お寺に生まれますと、ほぼ自動的に僧侶になるための儀式である「得度《とくど》」を受けることになります。私の場合は小学校五年生のときに、父である先々代貫首・多川乗俊の下で得度を受けました。ちょうどその年に父が新しいお弟子さんをとったので、二人一緒に儀式を行なえば都合がいいくらいのことで、父には私を僧侶にするつもりはなかったのではないかと思います。

私は三男でもありましたし、子ども時代は実に自由に過ごさせてもらいました。学校から帰るとかばんを置いて、どこへでもふらふらと出かけては暗くなるまで遊んでいるような子どもでした。どこまで遠くへ出かけても、視線を上げれば五重塔の先端が見えるので、迷子になることはありません。五重塔を目指して歩きながら、お寺に生まれると便利なこともあるなと思った記憶があります。

そんな様子でしたから、私自身も僧侶になる気持ちはありませんでした。実を言うと、写真家になりたいと思っていて、高校卒業後は写真の専門学校なり、大学の写真学科のようなところに進むつもりでおりました。

ところが、いざその段になると、父が「だめだ」と言う。あまりに意外なことで、私としてもすぐには納得できず、家族会議は大もめにもめました。結局、高校の担任の先生からいただいた「今すぐ人生を決める必要はないのではないか。普通の大学に進んで、四年かけてじっくり考えてはどうか」とのアドバイスに従い、立命館大学に入学して心理学を専攻することにしました。

思えば、この頃の父は、指定文化財の保全修理に明け暮れていました。当時の境内の有り様については、私が心を痛めたくらいですから、父は切羽詰まった心持ちだったのではないでしょうか。結論から申しますと、「中興《ちゅうこう》の祖」と称される足跡を残しました。

父は、昭和二九年（一九五四）に貫首に就任すると、すぐさま文化財収蔵庫の建設を掲げ、昭和三四年（一九五九）に竣工、「宝物館（現・国宝館）」として開館しました。名宝・阿修羅《あしゅら》像をはじめ、興福寺が世界に誇る仏教美術品を収蔵・保管しながら一般参観に供する施設で、寺社におけるこうした施設の建設は戦後の日本で初めての試みでした。建設場所は、細殿と食堂の跡地。これらの地下遺構を、天平の外観を復原した耐火式鉄筋コンクリート造の上部構造が保護する形で立っています。

その後、昭和三七年（一九六二）には大湯屋《おおゆや》を、昭和四〇年（一九六五）には北円堂を解体・修理しています。私の大学進学問題はちょうどこの頃でしたから、まだまだ修理・改修しなくてはならない文化財は多く、その事業を引き継ぐ後進は何人いてもいいと考えたのかもしれません。

父はさらに、菩提院大御堂《ぼだいいんおおみどう》の改築、三重塔の修理なども行ないました。また、先にも紹介しましたが、中金堂（赤堂）の老朽化に伴い、昭和四九年（一九七四）に仮金堂を建てました。これには興味深い話があります。

実は、仮金堂の建物は、当山とともに法相宗の大本山である薬師寺の旧金堂を移築したものです。赤堂の雨漏りがひどくなって困り果てていた頃、ちょうど薬師寺管主に就任された高田好胤《こういん》さん（故人）が金堂復興を発願されました。そこで父が、高田管主の師匠である橋本凝胤《ぎょういん》長老（故人）に、「これまで使っていた旧金堂の建物はどこかに転用するのですか」とお尋ねすると、「いや、しない。解体する」とのこと。赤堂の悲惨な状況を説明し、譲っていただけないかとお願いすると、ありがたいことに「そんならあげましょ」と快諾いただいたのでした。

父が貫首として活動し始めたのは、昭和二〇年（一九四五）の終戦後、社会が激変した時代に当たります。興福寺を維持管理する原資も紙切れ同然となり、長きにわたりご支援をいただいた護持団体「興福会」に名を連ねる人々も往年の勢いはありません。そうした時期に数々の事業を行なった父の労苦は、察するに余りあります。宝物館の建設も銀行に多額の借金をして実現したもので、その返済に長い月日がかかったと聞きました。

さて、話を大学に戻しましょう。私が専攻した心理学は、なかなかに興味深い学問でした。ただ、徐々に学生運動が激しくなり、キャンパスは騒然として、授業もままなりません。そこで、臨床心理学研究会というサークルに参加し、誰でも使える共同研究室に入り浸って勉強していました。非行少年の性格形成をテーマに、児童相談所に赴いて事例を集めるなどのフィールドワークも行ないました。

そんなとき、共同研究室の本棚に、古く汚れた『唯識《ゆいしき》心理学』という本を見つけました。引かれるように手に取ってみると、唯識心理学という新しいネーミングではあるけれど、その中身は興福寺の宗派である法相宗の、まさに伝統的な唯識学の解説本だったのです。

「仏教は古くさいものではないのだな。むしろ唯識は非常に現代的な考え方だ」――この本を読んだのをきっかけに、私はこのように思い至りました。そして、卒業後に改めて父に弟子入りすることを決めたのです。

父も内心ではうれしかったと思うのですが、そこは明治生まれの人ですから、喜んだような顔は見せません。それどころか、何かを教えることもしてくれません。「見て覚えろ」「失敗しながら身につけろ」ということだろうと思うのですが、これには本当に困りました。

たとえば、夜の法要などは、見よう見まねで動こうとしても、暗くてよく見えません。左に動いては誰かとぶつかって怒られ、右に動いては柱にぶつかって痛い思いをし……そんなことの繰り返しでした。

僧侶にはいくつかの修行段階がありますが、初歩の修行に約一〇〇日間かけて行なう「四度加行《しどけぎょう》」があります。実はこれは真言宗（密教）の行なのですが、興福寺には鎌倉時代から真言宗の教えが一部入っており、新米僧侶は必ず経験することになっています。

私は、父の知人であった西大寺《さいだいじ》の長老・松本實道《じつどう》さんのご自坊、生駒の寳山寺《ほうざんじ》にご厄介になってこの行を修めさせていただきました。ですから、僧侶としての考え方や作法などの基本は、ほとんど松本さんから教えていただいた。そういう意味で私には、父と松本さん、二人の師匠がいることになります。

四度加行に参加している頃に母が病を得、入退院を繰り返すようになりましたので、興福寺に戻った私が「おさんどん」担当となりました。その頃の愛読書は『主婦の友』（二〇〇八年休刊）。料理のページを参考に、自分なりに工夫をして毎日の食事を用意したものです。

母は、数え七〇歳で亡くなりました。私が二八歳のときでした。自分を産んでくれた人の死には、独特のインパクトがあるものです。それ以降、私は「人生七〇年」と思い定め、何をするにも「七〇歳まで」を念頭に計算しておりました。しかし、ふと気づけばすでに七〇歳を超え、まだまだやるべきことは多く、どうしたものかと少々困っております。

なお、父は昭和五九年（一九八四）、八〇歳で他界しました。その五年後に、私が貫首に就任することになったのです。

コラム① 興福寺を去った仏像・残った仏像

ここに一枚の古い写真があります（左下参照）。これは、これから寺を離れる仏像のための記念写真です。当山にとっては、誠につらく悲しい別れでした。

明治初期、神仏分離令による廃仏毀釈で、多くの堂宇や仏像、文化財が破壊され、失われました。興福寺も明治三年（一八七〇）の太政官布告《だじょうかんふこく》によって寺域の大部分を失い、一時は無住状態となるなど、悲惨な運命をたどりました。

さすがに危機感を覚えた政府は、明治一〇年代になると古文化財の調査に乗り出し、明治三〇年（一八九八）には古社寺保存法が定められましたが、それまでに受けたダメージは取り戻しようもありません。

当山でも、その運営・維持費や徒弟教育基金設置のため、破損仏の一部を益田鈍翁《どんおう》（三井財閥を支えた実業家・益田孝の号）に譲渡することになりました。左の写真は、それらを撮影したものです。

譲与された破損仏

益田鈍翁は文化財保護に熱心なことで知られ、破損仏の四散を防ぐために寄進くださったわけですが、その後長い月日を経るうちに、残念ながら海外に流出した仏像もありました。

たとえば、写真前列中央の快慶《かいけい》作・弥勒菩薩《みろくぼさつ》像は米ボストン美術館に、その左右の梵天《ぼんてん》像と帝釈天《たいしゃくてん》像はサンフランシスコ・アジア美術館に、それぞれ修復されて収蔵されています。

この写真を見るたびに、かつては日本最大規模の寺院として栄華を誇った当山の、つらく厳しい時代を思い起こさずにいられません。

一方で、奇跡的に当山に残った仏像もあります。その代表が、天平草創期の姿を今に伝える八部衆《はちぶしゅう》像(八体)と十大弟子像（現在は六体)、華原磬《かげんけい》一基などで、この中に有名な阿修羅像も含まれています。

興福寺は罹災の多い寺で、これらが安置されていた西金堂も四回焼失しています。しかし、そのたびに救出されました。

これらの像は、奈良時代にしか見られない脱活乾漆《だっかつかんしつ》という特殊な技法でつくられています。粘土の型の上に麻布を漆で固め、中の土を取り去って、張り子状になった内部に心木《しんぎ》と木棚を入れて補強するというもので、中は空洞となっています。

つまり、像が軽かったことが幸いしました。僧侶たちが仏像を抱きかかえ、燃え盛る火の中から必死で救出する姿が目に浮かびます。

しかし、返す返すも惜しいことに、明治時代の廃仏毀釈の嵐の中で、十大弟子のうちの四体は損傷を受けて寺を離れました。八部衆のうちの五部浄《ごぶじょう》像も胸から下を失いました(右腕は、東京国立博物館蔵)。

こうした波乱の歴史を経て当山に残るこれらの仏像は、まさに「寺宝」と呼ぶにふさわしいと思っております。

第二章

ついに動き出した「天平の文化空間の再構成」

創建一三〇〇年――この機を逃してはいけない

境内整備と中金堂再建――これらを実現するために具体的に何をしたらいいか。私は、一年ほどかけて自分がやるべき仕事を精査しました。

興福寺の文化財指定状況は、「名勝奈良公園」（大正一一年国指定名勝）、および「興福寺旧境内」（昭和四二年国指定史跡）となっています。名勝と史跡にまたがっているわけですが、境内の状況はあまりに名勝的といいますか、公園的形状にすぎると感じていたのは、先にも述べたとおりです。

一方で、興福寺の創建は和銅三年（七一〇）ですから、平成二二年（二〇一〇）にちょうど創建一三〇〇年を迎えることになります。

また、この年は平城遷都一三〇〇年にも当たり、平城京跡でも平成一〇年（一九九八）に竣工した朱雀門《すざくもん》に続き、第一次大極殿正殿の再建竣工が予定されていました。平城京と興福寺――藤原不比等が力を尽くして造営したこれらの建物が復原されれば、〝古都〟奈良ならではの壮麗な風景が立ち上がってくるに違いありません。

この好機を逃してはいけない――。そこで私は、創建一三〇〇年の記念事業として、境内の史跡整備を構想しました。そして、その眼目が中金堂の再建です。

興福寺の建物は、再建するたびに従前の形態を継承してきました。つまり、いつの時代に再建されようと、それは創建以来の大きさや姿を継承したものであるわけです。ですから、中金堂のように仮設堂宇として建てられたものでも、中門や東西回廊のように焼失したままになっているものでも、発掘調査を行なえば、その痕跡から多くの情報が得られます。

また、建物の大きさや姿かたちなどが記された奈良時代の『興福寺流記《るき》』、建物の形態や並びが示された『春日社寺曼荼羅図《まんだらず》』(18頁参照)、そして江戸時代に実測した図面『興福寺建築諸図』などの文献や絵画も残されています。いずれも境内の史跡整備に大いに役立つはずです。

たとえば、これらの史料から、中金堂の建物は、単層裳階《もこし》つきの天平様式で、正面三七メートル、側面二三メートル、高さ二〇メートルという巨大な建造物であることはわかっていました。この堂々たる中金堂を復原すれば、これも中世の建物ながら天平を強く意識した五重塔などと相まって、伽藍には天平の風が吹きわたるだろう――。

そして、このように史跡の整備を進めることが、名勝のグレードを本質的に高めることになるに違いない――そう考えたのでした。

「信仰の動線がない」と、痛いところを指摘され

創建一三〇〇年を二〇年後に控えた平成三年（一九九〇）、建築史・歴史・考古学・文化財・風致などの学識経験者による「興福寺境内整備委員会」（座長は鈴木嘉吉元・奈良国立文化財研究所長）を立ち上げました。そして、「天平の文化空間の再構成」を目指すことを中心に、史跡と名勝指定を受ける興福寺境内のあるべき姿について、国（文化庁）、奈良県、奈良市の指導を仰ぎながら、さまざまな角度から検討を重ねました。

初めて委員会を開いたとき、こんなことがありました。

ある考古学の先生が、「興福寺には『信仰の動線』がないですね」と指摘されたのです。私としては一番痛いところを突かれて、一瞬ドキリとしました。

寺院には通常、山門や南大門があり、そこを入って中門をくぐると、正面に信仰の中核施設たる金堂がどっしりと構える……という形態があります。その中心線こそが、まさに先の先生が指摘した「信仰の動線」です。現在、この形態をもっとも顕著に残されているのが法隆寺でしょう。参拝者は、南大門、中門、金堂……とその動線に沿ってお参りすることで、「ああ、私は法隆寺に来ている」という身体感覚を得ることができ、仏の教えや信仰心の世界を身近に感じることができるわけです。

ところが興福寺は、中心部が森のようになっていて、挙句の果てに南大門も中門もなく、中金堂は朽ちてガタガタ……。境内の東側には五重塔や東金堂、西側には南円堂などがありますが、端的な中心線、信仰の中核施設への動線がありません。しかし、だからこそ史跡整備と中金堂再建が不可欠なわけで、「痛いなぁ」と感じながらも、私の思いは間違っていなかったと改めて力を得た思いがいたしました。

平成一〇年（一九九八）二月、興福寺境内整備委員会の約七年間にわたる検討成果である「興福寺境内整備構想」が策定され、「天平の文化空間の再構成」が高らかに謳われました。そして、同二六年（二〇一四）度までの一四年間を第一期整備事業期間と設定し、国、奈良県、奈良市の補助を受けて「史跡興福寺旧境内・史跡等登録記念物保存修理事業」として進めることになりました。

具体的には、同一〇年一〇月に中門と東西回廊跡の発掘調査と基壇（建物の土台となる土壇）の表示工事が開始され、同一二年（二〇〇〇）には中金堂の役割を果たしてきた仮設堂宇を解体して、中金堂基壇の発掘調査と基壇復原工事を行ないました。発掘調査は奈良文化財研究所の協力を得て行ない、これによりさまざまな事実が明らかになりました（三章に詳述）。また、その後、第一期整備事業を延長することになり、平成三五年（二〇二三）までに、南大門や西室、さらには経蔵と鐘楼の基壇、また東金堂と北円堂の回廊の基壇の発掘調査と基壇復原工事を行なうこととなりました。現在、順次工事が進められています。

自力で進める中金堂再建

さて、こうした動きに先立ち、私は中金堂再建に向けて水面下で準備を進めていました。

先の境内整備事業は国、奈良県、奈良市の指導の下で進められる、いわゆる補助事業です。一方、中金堂再建は享保二年（一七一七）に焼失して以来の三〇〇年ぶりの造営でもあることから、当山独自の宗教行為、独自の事業であるという位置づけで、設計から資金調達まで再建に関するすべての事柄を自力で進める必要があったからです。

自力といっても、もちろん自由にできるわけではありません。境内史跡整備事業の一環として行なわれる中金堂基壇の発掘調査や、奈良時代の『興福寺流記』をはじめとする数々の史料、近年画期的な成果を上げている古代建築史の研究成果などを取り入れた復原計画を作成し、文化庁の復元検討委員会の審議を経て、最終的に「現状変更許可」をいただくことが大前提となります。

中金堂再建は、史跡興福寺旧境内の中心をなすもっとも重要な建物の復原であるにとどまらず、日本の伝統的木造技術の保存や今後の発展、さらには将来の文化財建造物として奈良時代の様式を後世に伝える復原計画です。これほど大規模な木造建築は、今世紀はないだろうといわれており、木造建築の世界文化遺産（平成一〇年、興福寺を含む「古都奈良の文化財」がユネスコの世界文化遺産に登録）として、後世に誇れるような建物にしなくてはいけません。

幸運だった瀧川棟梁との出会い

中金堂再建について私が最初に相談したのは、瀧川寺社建築の瀧川昭雄さんという優れた宮大工職人の棟梁でした。瀧川棟梁は、とにかく仕事が誠実でスピーディで、相談した翌日には古い資料を基にした立面図と平面図のラフスケッチを持参し、必要な資材や準備について有意義な助言をしてくれました。中金堂復原にあたっては多くの識者やその道のプロの方にご尽力いただきましたが、瀧川棟梁がいてくれたことも非常に幸運だったと思っています。

瀧川棟梁との出会いは、昭和五〇年代後半、先々代貫首が南円堂の納経所《のうきょうしょ》の改修工事を依頼したときにさかのぼります。納経所とは、参拝者のご朱印帳にご朱印をお授けする施設です。近年は寺社のご朱印が人気ですので、「あ、あの施設か」と思いあたる方も多いでしょう。

その納経所の建物が傷んでいたので直したい、直すにあたってはご朱印をお授けする窓口を充実させ、平屋建ての建物を二階建てに改修して使い勝手をよくしたいというのが当山の希望でした。ところが、国の史跡指定と名勝指定を受け、県の風致地区や歴史的風土特別保存地区などに指定されている興福寺境内では、改修にもさまざまな制限があり、コトはそう簡単に進みません。

納経所の横に観音様をお祀りする「一言観音堂《ひとことかんのんどう》」という小さなお堂があります。納経所を二階建てにすると、その一言観音堂より少しだけ屋根が高くなってしまう、それはけしからんという話が出てきました。結論を言えば、納経所は南円堂の付属施設なので、南円堂より低ければ問題はないということになったのですが、そこをうまくコーディネートしてくれたのが瀧川棟梁でした。棟梁は、以前は奈良県文化財保存課に勤務されていたこともあり、さまざまな制限をクリアして解決に導く知識と経験をおもちでした。もちろん、工事も非常にしっかりとしており、以来、当山とのお付き合いが始まりました。

ちなみに、一言観音堂は、建物そのものは明治時代の造営ですが、古くから多くの人々の信仰を集める観音様です。南円堂は歴史も古く建物も大きいため、身近で小さ

一言観音堂　『お願いします』の一言で、よく聞いてくださる」と、特に近畿圏で信仰を集めている

なお願い事をするのはちょっと気が引ける。でも、その右手を見ると藤棚があって、路地のようなところに小さな観音様がいらっしゃる。ここならば気楽に願いを込められる、ここで拝みましょうということで庶民の信仰を集めるようになったようです。近畿圏ではかなり有名なお堂です。

なお、一言観音の「一言」は、「どれだけたくさんのお願い事があっても、『お願いします』の一言で、よく聞いてくださる」という意味です。近年は、「お願い事はたくさんあるけれど、その中の一つだけをお願いする」というふうに意味を取り違えている方も多いようですので、念のために付け加えておきます。

二〇年近くかけて木材を調達

さて、瀧川棟梁に相談したところ、中金堂は巨大な木造建築物ですので、とにかく木材（ヒノキ）の調達が最優先であるという話になりました。

過去の資料から、中金堂には六六本の柱が使われていることはわかっていました。いずれも立派な柱で、特にそのうちの三六本は、直径が約八〇センチメートル、長さが一〇メートルもあります。このサイズの柱を得るためには、直径一・五メートル×長さ二〇メートルの原木が必要です。さらに、年輪幅が均等で強度の高い材であることも求められますので、購入・製材後に「不可」となるものが一定量出ることを考えると、六六本の数倍量の原木を集める必要がありました。

このような原木は、もう日本国内にはありません。さて、どうしたものか――ここから私たちの木材探しの旅が始まりました。平成二年（一九九〇）のことでした。

最初に候補に挙がったのは、昭和五〇年代に再建された薬師寺の金堂や西塔《せいとう》で使われた台湾ヒノキでした。しかし調べてみると、台湾ではすでに原木が輸出できないことがわかり、この線はあえなく消えました。

次なる候補は、カナダ産でした。今回の木材調達は、奈良県桜井市と天理市の大手木材会社二社に依頼することになったのですが、いずれの社も取引のためにカナダのバンクーバーに拠点をもっていました。そこで、木材会社の皆さんとも協議を進め、平成四年（一九九二）、私と瀧川棟梁は現地視察も兼ねて、調達の可能性を探るためにバンクーバーに飛びました。

結論から言えば、残念なことに調達は難しいことが明らかになりました。私たちが求める太さの原木は、森林の豊富なカナダでさえ数が集まらないというのです。期待値が高かっただけに、これにはいささかがっくりきました。

木材が調達できなければ、中金堂再建はなりません。後世に誇れる建物にするには、要である木材に妥協はできません。さて、どうしたものか――。

次なる手立てが見つからないまま時間だけが過ぎていきます。さすがに焦りが出てきた頃、たまたま瀧川棟梁から「かつて香港の志蓮浄苑《チー・リン・ナナリー》というお寺の建築を任されたとき、用意されていたカメルーン産ケヤキ（アフリカケヤキ）がとても良質だった」という話が出ました。これは見にいくしかありません。香港に飛んで志蓮浄苑を視察すると、これがなかなか立派な柱なのです。帰国後、皆で協議を重ね、「いけるかもしれない」という前向きな感触を得たところで、今度は中金堂再建にかかわる基本設計・総監修を兼務していただいている鈴木先生（興福寺境内整備委員会座長）にも実際のお寺を見てもらいました。

すると、先生も「うん、これならいける」とおっしゃる。このときは、「ようやく見つけた」という思いで、皆で安堵いたしました。

ところが、一難去って、また一難。カメルーンでもすでに原木の輸出は禁止になっていたのです。しかし手を尽くして調べてみると、幸運なことに、禁止になる前に伐採された原木が相当数残されていることがわかりました。これはもう、急いで買い集めるしかありません。この機を逃せば、中金堂再建の夢は遠のいてしまいます。

しかしそのとき、瀧川棟梁が「このこと（購入）はしばらく伏せておきましょう」と言うのです。私たちの立場からすると、何も悪いことをしているわけではないし、木材を調達していることを発表して、「興福寺の中金堂再建」を世間にアピールしたいわけです。しかし、それでも棟梁は「いや、しばらく待ってください」と言う。

よくよく聞くと、木材が高騰してしまう可能性があるというのです。私たちの感覚では、たとえば一〇本買うよりも、五〇本、一〇〇本まとめて購入したほうが安くなるように思いますが、しかし今回は逆だというのです。これほど大きな原木の需要は普段はそうそうありません。それだけに、相当数の需要があることがわかれば、需要と供給の関係で、値上がりは避けられないというわけです。

なるほど、そういうものかと納得し、原木は二社の木材会社を介して、静かに一本ずつ、時間をかけて購入してもらうことになりました。平成一〇年（一九九八）くらいから買い始め、平成一七年（二〇〇五）の段階で一〇〇本ほどになっていたでしょうか。その後も購入は続き、最終的には約五〇〇本に達しました。

それらの原木は、何年もの間、木材会社の所有地にごろりごろりと転がしてありました。たまに見にいきますと、一本一本が立派なだけに壮観です。当時は、「これで文化庁の再建許可が下りなかったら、興福寺は材木業を始めるしかないですな」などと、冗談にもならない冗談を言っておりました。当山としては、それほどのリスクを

製材された材木の前で。どれほど巨大な原木だったかが、よくわかる

とったわけです。

平成一九年（二〇〇七）三月、文化庁内の復元検討委員会に再建案などの必要書類を提出して、再建を申請。

審査を経て、同年一一月一六日、無事に中金堂の「現状変更許可」をいただくことができました。

なお、後日談になりますが、カメルーン産ケヤキが用いられていることをお知りになった駐日カメルーン大使夫妻が、平成二九年（二〇一七）に見学にいらっしゃいました。建設がほぼ終了していた中金堂にご案内いたしますと、「こんなに立派な木がまだカメルーンにあったのか」と驚かれておられたのが印象的でした。

立派な木材がカメルーンに残っていてくれたこと、瀧川棟梁がたまたまカメルーン産ケヤキを知っていたこと、そして廉価で購入できたことは、今回の事業における最大の幸運だったと思っています（木材調達の詳細は五章参照）。

焼き討ちの張本人が主役の能『重衡』を上演

現実的な話で恐縮ですが、中金堂再建には約六〇億円の費用がかかります。法相宗の当山は檀家をもちませんので、このたびは広く皆さまにご寄進をいただきました。中金堂再建に用いる木材や瓦、仏像荘厳具《しょうごんぐ》などのご浄財《じょうざい》をいただいた方、あるいは『興福寺創建一三〇〇年記念特別展「国宝 仏頭」』、『興福寺創建一三〇〇年記念「国宝 阿修羅展」』、『興福寺中金堂再建記念特別展「運慶」』などにお運びいただいた方がたくさんいらっしゃると思います。この場を借りて御礼申し上げます。

また、能楽師の浅見真州《まさくに》さんには、勧進能でたいへんお世話になりました。

あれは平成一〇年（一九九八）のことだったと思います。免疫学の多田富雄先生（故人）のご紹介で、能楽師・観世《かんぜ》流シテ方の浅見真州さんと対談させていただく機会を得ました。そのときに浅見さんが「実は私が復曲したお能に『重衡《しげひら》』という作品があるのですが、さすがに興福寺で上演するのは難しいですよね」とおっしゃるのです。

平重衡といえば、治承《じしょう》四年（一一八〇）、討伐軍を率いて南都（奈良）に火を放ち、興福寺や東大寺に壊滅的な被害をもたらした張本人です。南都の仏教徒に敵と憎まれ、その後、一の谷において源範頼《みなもとののりより》・義経率いる源氏軍に捕らえられ、元暦二年（一一八五）、奈良への移送中に処刑されています。

「具体的にはどのようなテーマですか？」とうかがいましたら、「重衡の生涯を死後の霊に語らせ、父・清盛の命令と神仏への信仰の間で苦しむ姿を描いた修羅能《しゅらのう》です」とのこと。世阿弥《ぜあみ》の子・観世元雅《もとまさ》の作（一五世紀）と伝えられる名作にもかかわらず、五五〇年もの間忘れ去られていたものを、昭和五八年（一九八三）に浅見さんが復曲したのだそうです。

たしかに重衡は焼いた人に違いありませんが、「心の修羅」がテーマなら、お寺としては上演してもいいのではないかと考えました。ただ正直に申しますと、「大昔の話ではあるけれど、いくらなんでも焼いた張本人を主人公にしたお能をやるのは、いかがなものか」という意見もありました。

しかし、仏教には「怨親《おんしん》平等」という教えがあります。簡単に言えば、愛と憎しみですね。愛する人も心底憎い人もすべて平等に扱うというのが仏教の精神なのです。

当山では、東金堂に安置されている本尊・薬師如来に能・狂言を奉納する「塔影《とうえい》能《のう》」を毎年一〇月の第一土曜に行なっています。そこで、平成一一年（一九九九）の塔影能で、『重衡』を上演していただくことにいたしました。

また、これも何かのご縁ですから、遅ればせながら当山としてご供養させていただこうと、演能の前に法要を執り行ない、「大悲院殿《だいひいんでん》平中将《へいちゅうじょう》求《ぐ》光軽安大《こうきょうあんだい》居士《こじ》」という戒名もお授けいたしました。南都焼き討ちから八〇〇余年、画期的な出来事だったのではないかと思います。

その後、浅見さんには「勧進能」のご提案もいただきました。平成一四年（二〇〇二）から同二九年（二〇一七）の一五年にわたり、年に一回国立能楽堂で『興福寺勧進能』を上演してくださったのです。一部と二部の両方にご出演くださいましたので、全体としては三〇番も舞っていただき、多額のご寄進を頂戴したわけで、誠にありがたいことだと思っております。

なお、せっかく浅見さんに舞っていただくのですから、お能に造詣の深い歌人で日本芸術院会員の馬場あき子先生、また、野上記念法政大学能楽研究所前所長の西野春雄先生（現・法政大学名誉教授）のお二方に演目の選定にかかわっていただき、さらに勧進能当日は、それら曲目についてレクチャーしていただくという贅沢な企画でした。

ちなみに、興福寺と春日大社では、毎年五月の第三金曜と土曜日に「薪《たきぎ》御《お》能《のう》」も開催しています。これはもともと「御仏にささげる神聖な薪を、春日の花山から運び、それを迎えるときに演じる能（儀式）」のこと。現在、全国に広がっている薪能の元祖は、この薪御能であり、「薪を燃やして行なう能」という意味ではありませんので、ご承知おきください。

コラム② 薪御能と塔影能

毎年、五月の第三金曜日と土曜日の昼前に春日社に能が奉納されます。その夕刻、興福寺南大門跡の般若《はんにゃ》ノ芝で「薪御能」が披露されます。かがり火に映えて幽玄な世界をつくりだす薪御能は、現在、各地で人気を集める野外能（薪能）の元祖でもあります。ここではその源流について簡単に説明いたしましょう。

薪御能は、春日社興福寺の修二会《しゅにえ》（旧暦二月の国家隆昌を祈願する迎春法要）にまつわる伝統的な行事です。

興福寺の西金堂で修二会が始行されたのは貞観《じょうがん》一一年（八六九）のこと。およそ大寺の伝統的法要は草木国土一切の善願成就を祈るため、滞りなく完遂することがまず大事であり、結界をめぐらせて

「薪御能」は毎年五月の第三金曜日と土曜日に開催

種々の神秘的祈禱所作が行なわれました。

当然、その役目を担うのは僧侶でしたが、やがて特に人々の目に映り耳に入る所作(外相)を、猿楽師《さるがくし》に委ねるようになります。平安時代になると、猿楽師たちは大寺に所属するようになり、「猿楽法師《ほうし》」「猿楽呪師《じゅし》」と呼ばれ、その所作は「呪師《じゅし》走り《ばし》」と称されました。

さて、興福寺の法要は、すべて春日の神々の擁護を仰ぎます。

修二会においては、御仏にささげる神聖な御薪《みかまぎ》を春日の花山から運びました。そして、手水屋《てみずや》では毎夜神々に供え物をして法要の無事を願う儀式が行なわれ、献ぜられた薪をたいて、燃え盛る火のもとで猿楽が演じられました。そこから「薪猿楽」と称されるようになり、これが「薪御能」の起源といわれています。

薪猿楽の呼称は、建長七年(一二五五)の『祐定《すけさだ》記《き》』に初見され、鎌倉時代初期には修二会に際してすでに演じられていたことがわかります。

当初演じられていたものは、密教の所作や、今日の能の『翁《おきな》』に伝わり残る呪術的部分であったと思われます。しかし、絶大な勢力を聖俗両界に及ぼした興福寺と強く結びついたことで、猿楽は著しく発展しました。南北朝時代になると、金春《こんぱる》の禅竹《ぜんちく》や観世の観阿弥・世阿弥父子などが現れ、猿楽は芸術の域に高められて、能として大成されたのです。

ところで、興福寺の界隈の人々に「薪御能」の桟敷見物が初めて許されたのは室町時代でしたが、当時は今のように南大門から(つまり正面から)見ることはできませんでした。そこはぽっかり空いていたのです。能や狂言は神や仏にささげられるもの、それを見ることは観覧ではなく陪観となるからです。

「塔影能」は毎年一〇月の第一土曜日夕刻に開催

芸術に昇華した演能は正面から見ることも拍手することも許されますが、しかしその源流はあくまで神事・仏事の神聖な儀式であったことを忘れてはなりません。

興福寺では、私の発願で、毎年一〇月の第一土曜日の夕刻に、東金堂の本尊・薬師如来に奉納する「塔影能」も行なわれています。

東金堂の正面に能舞台をしつらえ、ライトアップされてより神秘的なたたずまいを見せる五重塔を背景に奉納される能は、それは厳かなものです。御仏にささげるのですから、こちらは舞台を正面から見ることはできませんし、拍手も許されません。

しかし、秋の夜、キリリと引き締まった空気の中で行なわれる塔影能は幽玄で、往昔《おうじゃく》の人々の息吹を感じます。ぜひ一度ご参加ください。

第三章

発掘調査と中金堂再建のプロセス

発掘調査で判明した想定外の高低差

平成一〇年（一九九八）一〇月二日、「天平の文化空間の再構成」を目指した境内整備工事の、最初の鍬《くわ》が入れられました。

まずは、中門と回廊の基壇（建物の土台となる土壇）跡の発掘調査と、その復原工事です。

この発掘調査で、中門は正面（東西）五間《けん》（二三メートル）、側面（南北）三間（八・四メートル）の規模で、柱は一八本使われていることが確認されました。「間」とは、「柱と柱の間」の意味で、古代建築の大きさはしばしばこの「間の数」で表されます。

中門北階段のすぐ北側に小さな穴が掘られており、その中に土器二一枚が重ねられていました。これは、一一世紀後半頃の地鎮《じちん》の遺物で、土地の神を鎮めるための儀式に用いられたものです。

また、古絵図に、中門の左右に邪鬼《じゃき》を踏みつける二天像、さらにその周囲に各四体の従鬼（＝夜叉《やしゃ》）像が描かれているのですが、この従鬼像の台石が出土しました。台石から復原される邪鬼像の大きさはおよそ人間の等身大。二天像はもちろんこれよりずっと大きくなりますので、全体をイメージすると、その壮大さがうかがわれます。

回廊は、幅二間（七メートル）、総延長は二二四メートルで、使われていた柱は一五六本でした。また、東回廊基壇の内側から、金箔の貼られた安土桃山時代（一六世紀末）の五七桐文軒丸瓦が出土。金箔瓦の出土は大和国では初めてのことで、我が国の寺院では二例目となります。

私が驚いたのは、基壇の造成の仕方がきわめて特徴的だったことです。

中門の東半分と東面回廊（中金堂と前庭の東を区画する回廊）の中央付近は、谷を埋め立てて平坦にし、その上にさらに土を積んで基壇をつくっており、埋め立てた谷は深いところで一・六メートルにも及びます。

一方、中門西半分と東面回廊が中金堂に取りつく部分では、もともとあった地山を削って整形する「地山《じやま》削り出し」という工法で基壇をつくっています。

興福寺は、春日山系のなだらかな丘陵地の先端部分に位置していますので、私はずっとわりと平坦な土地だったのだろうと思っていました。ところが実際は、谷と地山が隣り合っており、大きな高低差があったのです。当山は、そうしたアップダウンの激しい土地を大規模に整地して造営されたことが初めて明らかになりました。

一三〇〇年前にはもちろん重機などありませんから、当時の人々は人力だけで工事をしたわけです。どれほど大変な作業だったか――。日々進捗する発掘現場を目にしながらそのような感慨を覚えていたわけですが、驚きはこれでは終わりませんでした。中金堂の基壇は、さらにすさまじいことになっていたのです。

一三〇〇年前の礎石が眼前に

平成一二年（二〇〇〇）、文政二年（一八一九）に仮設された中金堂（赤堂）が解体され、いよいよ中金堂基壇の発掘調査が始まりました。

中金堂の基壇は、東西四一メートル、南北二七・五メートル、高さ一・八メートルという巨大な土の塊でした。まず驚いたのは、基壇全体が地山削り出し工法で造成されていたことです。

削り出した高さは、基壇の高さ一・八メートルのうちの一・三メートル。地山は粘土質で非常に硬いのですが、その硬い地盤を人力でコツコツと削り、容積一四三九立方メートル（東西四一メートル×南北二七・五メートル×高さ一・三メートル）もの直方体をつくりだしていたのです。

そして、その直方体の上、基盤の高さ一・八メートルのうちの上から〇・五メートルの部分には、土を層状に何度も突き固めながら積み上げる「版築《はんちく》」という技法が使われていました。たとえば、二〇センチメートルくらい土を盛り、それを突き固めて数センチメートルに圧縮し、また二〇センチメートル土を盛って……といったイメージです。

版築を施す場合、広い面積を均一に施工するのは至難の業ですし、突き方が甘ければ軟弱になります。ところが中金堂の基盤は、一一〇七平方メートルもの面積が均一に、しかも地山に劣らない硬さにまでしっかりと突き固められていました。そして四方の側面には、突き固めた土が崩れないように、凝灰岩を積み上げた檀正積《だんじょうづみ》が施されていました。

通常ならば、もともとの地盤を平らにならし、その上に土を盛って基壇をつくります。そちらのほうが工事はずっと簡単でしょう。しかし、盛り土をすればどうしても地盤は弱くなります。それを避けるために、地山削り出し工法で盤石な地盤を生かし、さらに高さを得るために、丁寧で強度も十分な版築を施したのです。

中金堂の建物は、正面（東西）九間（約三六・六メートル）、側面（南北）六間（二三メートル）、棟高約二一メートル、使われた柱は六六本という巨大な規模です。現存する古代建築と比べても、法隆寺金堂よりも唐招提寺《とうしょうだいじ》金堂よりも大きく、平城宮の第一次大極殿正殿に匹敵する大きさです。この建物の重量を支えるには、より強固な地盤が必要だったことは想像に難くありません。

なお、基壇の南側には、二〇センチメートルほどの平たい玉石が敷き詰められた広場が約八メートルにわたって設けられていました。

こうして盤石に築かれた基壇の上に、柱を立てるための礎石が六六個、整然と並んでいました。こちらも最大で差し渡し二・二メートル、深さ約一・一メートルにも及ぶ巨大さです。そしてこれまた驚くべきことに、六六個のうちの六四個までもが一三〇〇年前の創建時のものだったのです。

一三〇〇年前の礎石が忽然《こつぜん》と目の前に現れたとき、私は衝撃を受けました。これら

中金堂の基壇全景。力技の「地山削り出し」と丁寧な「版築」で造成された一四三九平方メートルの巨大な土の塊

の礎石は、中金堂が創建以来七度も被災しながら、同じ場所に同じ規模で再建され続けてきたことの証左であり、このような例は日本だけでなく、世界にもありません。

その歴《れっき》とした事実に向き合ったとき、私には、藤原不比等の土木作業チームが、何百人もの人々が、地山を削り、土を突き固め、巨大な礎石を据えつけている風景が見える気さえいたしました。そして、「興福寺の堂宇は、被災後の再建に際しては、創建時の姿かたちを踏襲してきた」という史料を介して理解していた知識が、突然リアリティを伴うものとなったのです。

たとえば、『今昔物語集』（平安時代末期）に、「当時ノ氏ノ長者殿、関白左大臣トシテ本ノ如クニ造ラセ給ヘル也」という記述があります。中金堂が最初の火災（永承元年、一〇四六年）で焼失した後の、最初の再建の様子を伝えたものですが、まさにこのとおりであったわけです。

そして、創建時の姿かたちを踏襲するという姿勢は、その後も継承されました。その背景には、一三〇〇年前の基壇や礎石が再建に耐えるしっかりとしたものだった、という現実的な条件があったのではないでしょうか。だからこそ、再建のたびに、当山特有の「天平への回帰」、「天平の文化空間の再構成」という思いが養われ、連綿と続いてきたのではないかと思い至った次第です。

では、今回の再建に際してはどうなるか。平成の中金堂は、天平の様式を復原すると同時に現代建築でもあります。構造の安全性を高めるために、厚い耐震壁や補強金具などが採用されるため、重量はより重くなるかもしれません。

そこで建築の先生方にうかがうと、一三〇〇年前の礎石の上に新たな礎石を重ねてもなんら問題はないとのこと。当時の最先端の土木技術に感心すると同時に、不比等の権勢と、興福寺造営にかけた並々ならぬ情熱に思いを馳せずにはいられませんでした。

再建なった中金堂を拝観いただく際には、ご自身の足元のその下に、不比等の土木作業チームが築いた一三〇〇年前の基壇と礎石が静かに横たわっていることを感じていただければと思います。

上・平成一二年（二〇〇〇）の発掘調査で中金堂須弥壇下より出土した鎮壇具
下・平成二〇年（二〇〇八）、中金堂、回廊、中門の基壇整備が完成したときの様子

不比等の権勢を示す鎮壇具

この発掘調査では、幸いにも須弥壇（堂内に仏像を安置するために、床面より高く設けられた壇）の痕跡も随所に見いだされました。須弥壇の高さは推定九〇センチメートル以上。中金堂の母屋《もや》の中心部分いっぱいに広がる広々とした空間であることもわかりました。

「幸いにも」と書いたのは、明治七年（一八七四）、中金堂（赤堂）の建物が官庁舎として使用されていた時期に、須弥壇が撤去されていたからです。たぶん床を張るのに邪魔だったのでしょう。

その際に、須弥壇の下から多くの鎮壇具《ちんだんぐ》が発掘されました。

一三〇〇年前に中金堂を建てるとき、地の神に土地を借りることを報告し、許しを得る地鎮儀礼が行なわれ、金銀の鋺《まがり》（椀）、金板、銀板、和同開珎《わどうかいちん》銅銭、刀、水晶、琥珀《こはく》、瑪瑙《めのう》などの宝物が須弥壇下に埋められました。これが鎮壇具で、その数は三五種、三〇〇〇点近くに上ります。

明治七年の須弥壇撤去の際に発掘されたこれらの宝物は、国宝に指定され、東京国立博物館に保管されています。不比等の力のほどがわかるお宝ばかりですので、機会があればご覧ください。

また、管理権が興福寺に返還された後の明治一七年（一八八四）の発掘でも鎮壇具が発見され、こちらも国宝に指定されて、興福寺に残されています。

そして今回の発掘調査でも、明治期の発掘の取りこぼしらしき金の延金《のべがね》や玉《ぎょく》が出土しました。和同開珎が積み土の中に埋もれた状態で出土したことから、銭を撒きながら須弥壇の土を積んだものと考えられます。さらに、撤去された須弥壇を積み直した際のものだと思われる明治・大正期の鎮壇具も出土しました。

こうして中金堂と、中金堂に取りつく回廊および中門の発掘調査が終了し、平成二〇年（二〇〇八）にはそれぞれの基壇整備が完成しました。回廊と中門の基壇はそのまま表示（展示）されますので、その規模や柱の場所などを体感していただけると思います。

七転び八起きの平成の再建

平成二一年（二〇〇九）一一月七日、中金堂再建地鎮々壇法要、ならびに手斧始《ちょうなはじめ》が執り行なわれ、いよいよ中金堂の建築がスタートしました。八度目の復興、まさに七転び八起きの再建です。

中金堂の創建当初の図面は現存しませんが、多くの資料が残されていることや、創建時の礎石が残っていたことが幸いし、古代建築としてはほかに類を見ないほどの正確な再建が実現しました。

中金堂の規模と平面構造は、次のようになります。

母屋の中心部分は正面五間（約二二・五メートル）×側面二間（約八・九メートル）、そのまわりに廂《ひさし》が取りついて正面七間（約三〇・八メートル）×側面四間（約一七・一メートル）となります。ここまでが母屋で建物本体を構造的に支え、この上に寄棟造《よせむねづくり》の大屋根が載せられます。

さらに、母屋の外側に付属的な空間である裳階をまわすことで、全体的に正面九間（約三六・六メートル）×側面六間（二三メートル）の巨大な建物になります。大屋根の軒下に裳階の屋根がつくので、一見、二階建てのように見えますが、内部は一階です。また、一番外側の裳階部分には壁がなく、列柱空間となっています。列柱をめぐらす建築形式は、当時もっとも格の高いものとされました。

古来より、大寺院の金堂は屋根を二重にして立派に見せるのが原則でした。平安時代の記録によれば、日本最古の仏教寺院である飛鳥寺（六世紀末創建）や山田寺（七世紀半ば創建）の金堂も二重屋根でしたし、現存する法隆寺金堂（七世紀初め創建）も重層建築です。

しかし、こうした飛鳥・白鳳《はくほう》時代の二重屋根は、初層（一階部分）の屋根の垂木《たるき》の上に、上層（二階部分）の柱を立てる積み重ね方式で建築されていたため、内部は一階分の高さしかとれませんでした。上層部分は外観を立派に見せるだけの装飾的なものだったのです。

一方、興福寺の中金堂は、建物本体部分の柱を高く延ばし（計三六本が、いずれも一〇メートルの高さ）、その周囲に裳階を取りつけて二重屋根にする方式を初めて採用した結果、内部は大屋根の小屋組（屋根の構造主体となる骨組）まで届く高さをも

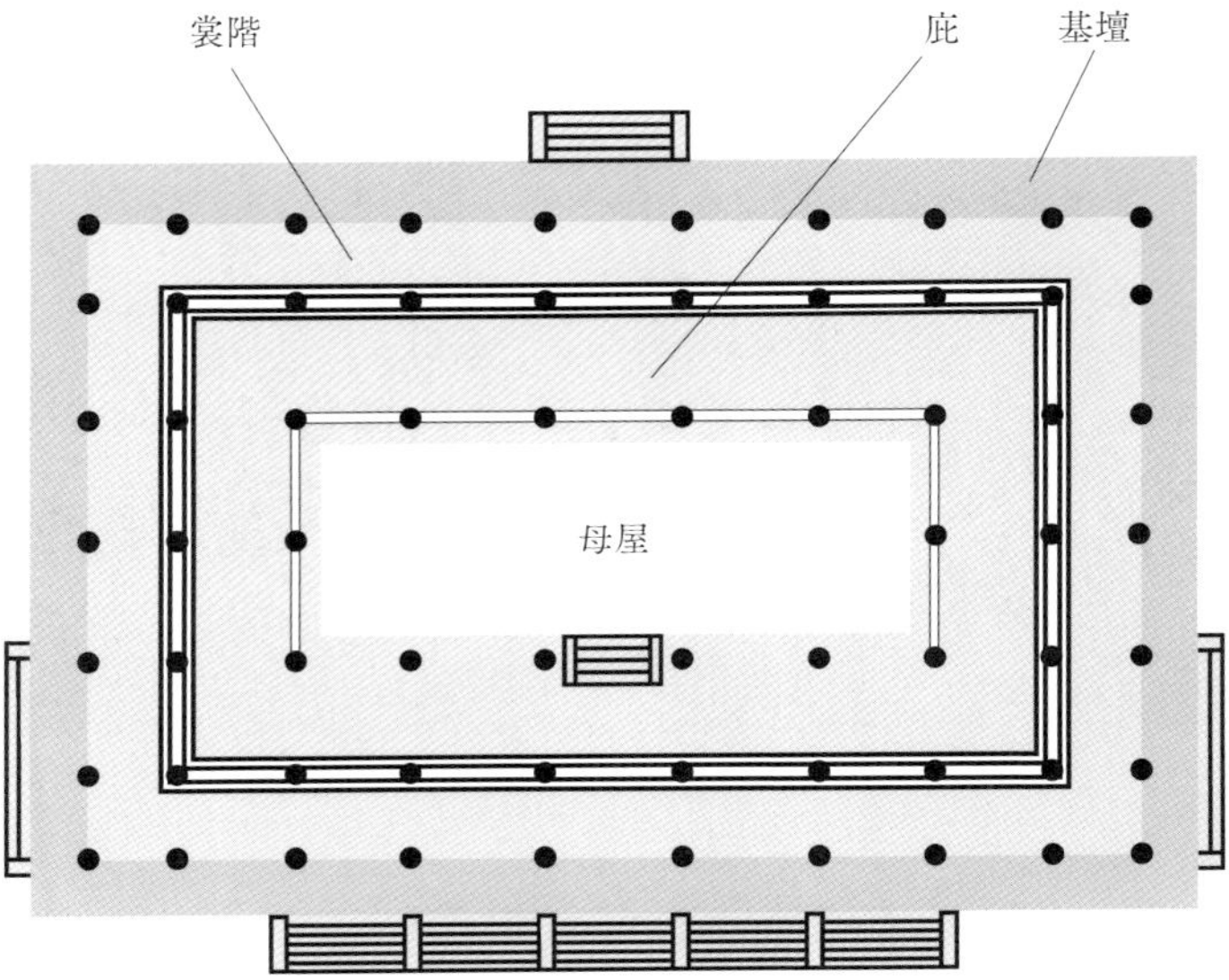

上・中金堂の柱間の様子
下・今回の発掘調査と延宝三年（一六七五）の「実測図面」を基に製作された二〇分の一の模型

上・文政二年(一八一九)に仮設された中金堂(赤堂)は、
平成一二年(二〇〇〇)に解体された
左・古代建築としてはほかに類を見ないほど
正確な再建を実現した平成の中金堂

つ、広々とした空間となりました。再建中金堂の監修をお願いした鈴木嘉吉先生によると、「興福寺の中金堂は創建当時から、奈良時代の始まりを告げる最新の建築形式であった」ということです。

なお、須弥壇の南面（本尊の正面方向）を除いた三方に壁（来迎壁《らいごうへき》という）がまわっているのも、当山中金堂の特徴です。通常、来迎壁は須弥壇の後方にのみつくられます。三方を囲んでしまうと、どうしても閉塞感が出るからでしょう。三方の来迎壁もまた、中金堂の建物が巨大で面積も高さも十分にあるからできたことだと思われます。

平成二一年（二〇〇九）一一月七日、中金堂再建地鎮々壇法要ならびに手斧始が執り行なわれた

中金堂の建築プロセスは八一頁から紹介します。基礎コンクリートが打たれ、柱が立ち、屋根がかけられ……。少しずつ形になっていくのが目に見えるのはいいものです。やはり心が躍ります。ここに至るまでに大変なことがたくさんありましたが、そうした苦労など吹き飛んでしまうほどでした。

そして、平成三〇年（二〇一八）一〇月七日、中金堂の再建はついに落慶いたしました。平成二二年（二〇一〇）を中心にその前後各一〇年の二〇年を「創建一三〇〇年記念事業期間」と位置づけ、その天平回帰を「天平の文化空間の再構成」の合言葉でここまで進めてきましたが、その水面下での構想と作業期間を入れると、ちょうど平成の三〇年になります。

その間ずっと、「天平回帰」のその「天平の時代性」を私なりに考えてきました。考える材料には事欠きませんが、たとえば、

・創建者不比等の土木作業チームが造成した中金堂の基壇

・不比等の娘光明皇后の真筆「楽毅論《がくきろん》」（正倉院蔵）

からは、自ずから「剛勁《ごうけい》」の語が浮かびます。剛勁の勁は「勁草」とも熟しますから、しなやかで強い語感です。同じく光明皇后の発願で創建された興福寺の五重塔も

また、中世の再建とはいえ天平回帰の下にあり、剛勁を感じさせてくれます。東方の春日山を背にすっくと立つそのたたずまいはみるからに剛勁で、かつ内部の木組みの豪快さは圧倒的です。

そして、

・光明皇后の発願になる阿修羅像をはじめとする天平乾漆群像

・光明皇后の写経事業（五月一日経）

などは、まさに「端正」と「典雅」そのものでしょう。これら「典雅」で「端正」しかも「剛勁」の三語が、いうところの天平性であるならば、現代に生きる私たちは、天平に学ぶことが多いのではないかと思っています。

写真で見る中金堂再建のプロセス

1

2

1 平成二二年(二〇一〇)六月、創建時の基壇と礎石の上に、基礎コンクリートと新しい礎石を据えつけたところ

2 創建一三〇〇年に当たる平成二二年(二〇一〇)の一〇月一六日、内陣と母屋の三六本の柱が立ったところで立柱式が行なわれた。この後、素屋根《すやね》(中金堂をすっぽり覆って保護する仮の屋根)をかける

3

4

3　平成二三年（二〇一一）六月、内陣壁に厚い耐震壁を組み込んで構造上の安全性を確保。平成の中金堂は、創建時の復原であると同時に現代建築でもある

4　平成二四年（二〇一二）三月、裳階部分を組み立て、その天井の上に耐震用天井を重ねる

5

6

5　平成二四年(二〇一二)一〇月、母屋部分の三手先組物《みてさきくみもの》(三段構造の組物)の組み立て。伝統の技が光る

6　平成二五年(二〇一三)五月、母屋の大屋根を構成する小屋組の施工後、軒まわりの部材を取りつける

7

8

7　平成二六年(二〇一四)五月二四日、大屋根の垂木組み立て完了後、南都番匠《ばんしょう》方作法による上棟式を行なう。
番匠とは、中世日本において木造建築にかかわった工匠のこと

8　平成二七年(二〇一五)一〇月、大屋根の瓦葺き終了後、大棟の両端に鴟尾《しび》を設置。
軒丸瓦と軒平瓦は、発掘調査で出土した創建当初の文様を復原した

9

10

9　平成二八年（二〇一六）一一月、すべての仏像の内部安置が完了後、正面の大扉を設置する

10　平成三〇年（二〇一八）一月、高欄（廻縁に意匠的美観から設ける欄干）に飾り金物を取りつける

第四章

新たなる礼拝対象「平成の法相柱」再興

慈恩大師
護法論師

法相宗の祖師を描いた「法相柱」も復興。本尊・釈迦如来坐像に向かって左の「西第一柱」がこれに当たる

法相祖師を描いた「法相柱」

中金堂の建設がいよいよスタートし、何本もの巨大な木材が運ばれて横たえられ、一本ずつ立ち上がっていく様子を目の前にしながら、私の中に「法相柱《ほっそうちゅう》を再興できたらどんなに素晴らしいだろう」という考えが浮かんできました。

「法相柱」とは、法相宗の「祖師影像《そしえいぞう》」を描いた柱で、中金堂の内陣一四本の柱のうち、本尊の正面に向かって左の「西第一柱」がそれに当たります。創建当初から存在したかどうかは不明ですが、比較的早い段階から創建堂宇の柱に描かれ、焼失・再建を繰り返しながら、かなり後世まで引き継がれてきたことがわかっています。

私が法相柱のことを知ったのは、三〇代の頃でした。

昭和五七年（一九八二）、法相宗の宗祖・慈恩大師《じおんだいし》の円寂一三〇〇年を記念して、共に法相宗大本山である薬師寺と協同で、『慈恩大師御影聚英《みえいしゆうえい》』（法蔵館、一九八二年）という画像集を出版しました。その際にほかのお祖師さまの資料も読んでおこうと思い立ち、当山に残る『造興福寺記』に目を通しました。
『造興福寺記』は、興福寺を最初に襲った永承《えいしょう》元年（一〇四六）の大火後の再建造営を記録した史料で、重要文化財にも指定されています。この中に、「中金堂の再建に際しては、内陣の西第一柱に、法相宗の祖師影像を描いた法相柱が再興された」という旨の記述がありました。

そのときの感想を正直に述べれば、「へぇー、法相柱、いったいどのようなものなのだろう」といったところでしょうか。いかんせん現物は残っておりませんし、その存在も知らされていなかったのです。法相柱について詳しく知りたくなった私は、ほかの史料もあたることにしました。

すると、嘉承元年（一一〇六）の大江親通《おおえのちかみち》の撰による『七大寺日記《しちだいじ》』と、同じく親通が保延《ほうえん》六年（一一四〇）に再び南都を訪れたときの記録『七大寺巡礼私記』に、「興福寺の金堂に、絵仏師範俊《はんしゅん》（範舜）が描いた法相柱がある」旨が記述されています。

これらは、康平《こうへい》三年（一〇六〇）と嘉保三年（一〇九六）の二度の大火による焼失・再建を経た記録ですので、法相柱もまた焼失のたびに再興されたことを示しています。

その後の法相柱に関する記述は、祖師のお一人である解脱上人貞慶《げだつしょうにんじょうけい》が、元久二年

（一二〇五）に行なわれた弟子の法会加行に際して草した『興福寺入堂次第』の金堂の項に、「西第一柱に向かって、『南無無著世親両大菩薩』と拝むように」とあるほかは、確認できていません。

ただ、応永六年（一三九九）再建の中金堂について、江戸時代に著された『興福寺濫《らん》觴《しょう》記』に、「かつて中金堂には、法相曼荼羅《まんだら》が描かれた柱があった」というような記述が見られます。このことから、法相柱は応永再建時に途切れたのではないかと考えられます。

いずれにせよ、法相柱とは法相宗の「祖師影像」を描いたものであり、それはまた「法相曼荼羅」とも称され、端的に言えば、法相宗の教義の系譜を描くものです。そして、専《もっぱ》ら法相宗教義を学ぶ「法相専寺《せんじ》」である興福寺にとって、中核施設である中金堂の内陣柱に描かれた法相の祖師絵は、大いなるデモンストレーションであり、シンボルであったのではないでしょうか。

そうであれば、中金堂を再建する以上、法相柱もまた再興してしかるべきではないか――。こうして私は、「平成の法相柱」の再興を発願するに至ったのです。

専ら学ぶ「法相専寺」とは？

日本には推古《すいこ》天皇の時代（六世紀末から七世紀初め）から、百済《くだら》僧の来朝や入唐留学僧によって、系統を異にするいくつかの仏教教義が伝えられました。主なものが、三論《さんろん》宗《しゅう》・成実宗《じょうじつしゅう》・法相宗・倶舎宗《くしゃしゅう》・律宗《りっしゅう》・華厳宗《けごんしゅう》の六つで、「南都六宗」と呼ばれています。

ただ、奈良時代には「宗」よりも「衆」の字のほうが多く用いられており、いわゆる「宗派」ではなく、今日の「学派」に近い意味であったと考えられています。ですから、一つの寺院に複数の宗（衆、学派）が並存しており、こちらの僧坊では〇〇宗について学び、あちらの僧坊では△△宗の問答が侃々諤々《かんかんがくがく》行なわれていた、といったイメージに近いでしょう。

興福寺でも、奈良時代の初めには、法相宗のほかに摂論宗《しょうろんしゅう》（衆）が存在していたことがわかっています。しかし、この二つは教義的に近く、かつ法相唯識《ゆいしき》がより高度な大系をもっていたため、かなり早い段階で法相宗に吸収され、興福寺は法相宗のみとなりました。複数の教義を「兼学」することが普通であった奈良の諸大寺の中では、もっとも早く一寺一宗（衆）となったのではないかと思われます。

しばらくすると興福寺は、自らを「専寺」と称するようになります。これは「法相専寺」の略で、「法相を専らにする寺」という意味です。

「唯識」と法相宗の歴史

では、興福寺が専ら学ぶ法相宗について、ごく簡単に述べておきたいと思います。法相宗の教義は「唯識」と呼ばれ、その淵源は紀元後インドに興った唯識思想にあります。これは、「あらゆるものは、唯、私たちの識（心）より変じ出されたところのもの」とする思想で、法相では「唯識所変《ゆいしきしょへん》」といわれます。

法相唯識の教えは、人の心を非常に重く見て、世の中のあらゆるものを、心のはたらきによって価値あらしめようとします。元来、仏教は心に深い関心を寄せていますが、法相宗の唯識教義はこれをいっそう先鋭化したものであり、心の構造や心のはたらき、認識の仕組みなどを詳細に考察しながら、仏陀の覚《さとり》の境地に少しでも近づこうとする立場の大乗仏教です（コラム③参照）。

コラム③　法相唯識の「阿頼耶識」

唯識教義は、私たちの心に深い考察を加えました。そして、ものを知り分けるはたらきに影響を及ぼす無意識の深層心域を想定し、これを「阿頼耶識《あらやしき》」と呼びました。アーラヤというサンスクリット語の音写で「蔵」を意味します。あらゆるものを貯《たくわ》えている心ということで、具体的に言えば、過去のあらゆる経験を内容とした今現在の自己のことです。

この阿頼耶識におさめられた行為の余韻を「種《しゅう》子《じ》」といいます。その後の行ないの潜勢力として作用するからです。

仏教では、私たちの行為を「身口意《しんくい》の三業《さんごう》」といいます。身体的動作を伴うもの（身業《しんごう》）と、言葉にすること（口業《くごう》）のみならず、心の中であれこれ思うこと（意業《いごう》）もまた一つの行為であると考えるわけです。

ですから、心の中でひそかに思ったことでも、その余韻は細大もらさず阿頼耶識に蓄積されて、その後の行ないに作用します。他人はある意味いたってごまかしやすく、他人の目の届かぬところで息を抜くこともできます。態度と言葉で媚びへつらいながら、心の中で逆のことを思うこともできるでしょう。しかし、そうした業も自分は全部背負っていかなければなりません。

つまり、仏教の断悪修善《だんなくしゅぜん》（悪を断ち切って善を修行すること）の真摯《しんし》な生活は、ごまかしの一切許されない生活ということになります。

一方で、人間の我執は強く、煩悩の働きは熾烈《しれつ》で、ごまかしのない生活は極めて困難です。だからこそ法相唯識では、煩悩を断ち切り成仏するには、ほとんど永遠ともいえるほどの長く厳しい修行が必要だと説かれます。

法相唯識の教えは、インドの無著《むじゃく》（三九五～四七〇年頃と推定）と、その実弟の世親《せしん》（四〇〇～四八〇年頃と推定）という二人の学僧によって組織大成され、その後、護法論師《ごほうろんじ》（五三〇～五六一年）と戒賢論師《かいけんろんじ》（五二九～六四五年）によって発展しました。

これを唐代の中国に伝えたのが、七世紀初めに一七年間インドで仏教を学び、『大唐西域記《だいとうさいいきき》』を著した、あの有名な三蔵法師玄奘《げんじょう》（六〇二～六六四年）です。帰唐後、玄奘は自ら持ち帰った膨大な量の梵本《ぼんぽん》や経典の翻訳という大仕事に尽力したため、唯識教義の確立は弟子の慈恩大師（六三二～六八二年）に委ねられました。門下の中でも「一秀の入室」といわれるほど学才が際立っていた慈恩大師は教義の研鑽《けんさん》に努め、法相宗を開創。これにより宗祖の名を借りて、法相宗は慈恩宗と呼ぶこともあります。

ちなみに、法相宗の読経でもっともよく取り上げられるのは世親の著した『唯識三十頌《じゅ》』です。その注釈書が、玄奘三蔵と慈恩大師の共訳ともいうべき『成《じょう》唯識論』で、法相宗のもっとも重要な聖典となっています。

慈恩大師の門下から出たのが淄州大師《ししゅうだいし》（六五〇～七一四年）です。淄州は、慈恩大師の異説に対して厳しい論難を浴びせたことで有名で、法相宗第二祖と仰がれます。その後、濮陽大師《ぼくようだいし》（六六八～七二三年）が『唯識論演秘《えんぴ》』を著して名を上げ、法相宗第三祖に列せられます。

興福寺の留学僧・玄昉僧正《げんぼうそうじょう》（生年不詳～七四六年）は、この濮陽大師に師事して法相唯識の教えを学びました。在唐一八年に及んだ玄昉が帰朝したのは、天平七年（七三五）のこと。西金堂が建立され、興福寺の寺観がおおむね整った翌年にあたります。当山にはすでに法相教学がもたらされていましたが、玄昉は法相宗第三祖直伝の教学を重ねて伝え、興福寺唯識宗の充実を図りました。

平安時代に入ると、唯識教義の理解はさらに深まり、興福寺は法相専寺にふさわしく、優れた学僧を続々と輩出しました。その代表が、平安時代末期の権別當蔵俊《ごんのべっとうぞうしゅん》（一一〇四～一一八〇年）です。蔵俊の学才は群を抜き、特に論義問答、つまりディベートに優れて「八舌《はちぜつ》僧正」の異名をとりました。蔵俊が起居した興福寺の菩提院《ぼだいいん》は当時、さながら当山の教学センターの趣を呈したと考えられています。

そして、その蔵俊の下に入寺したのが貞慶（一一五五～一二一三年）です。その唯識教学は前代にない清新な展開を見せ、また時代の要請に敏感に反応して平易化の道を模索し、「法相宗中興」と仰がれました。生涯にわたり厳しい自己凝視を重ね、笠置山《かさぎやま》に隠棲《いんせい》して清冽《せいれつ》な人となりを示しました。世に解脱上人《げだつしょうにん》とたたえられるゆえんです。

どなたをどのように描くか――

平成の法相柱を発願した私は、すぐに「どなたのお姿を写させていただくか」という難問に直面しました。法相柱に関しては、その存在のみが記録に残り、どなたのお姿がどのように描かれていたかなどの詳細はまったくわからないからです。

前述したように、法相唯識の教えは四～五世紀以来のものですので、祖師はおびただしく、その中から代表的な方々を選定するのは容易な作業ではありません。それでも、インドと中国の祖師方については、時代的に限られていることもあり、誰が選んでもこうなるだろうと思われる既定路線のようなものがあります。

ただ、日本の祖師方については難しい。法相柱にふさわしいと思われる方が何人もいらっしゃるのです。そこで、鎌倉時代までと時代を区切り、仏教絵画史家で東京藝術大学客員教授でもある有賀祥隆《よしたか》先生に監修をお願いして、相談をさせていただきながら、最終的に次のような一四名の祖師方を選定させていただきました。おおむね妥当かと考えております。

【インド】無著菩薩・世親菩薩・護法論師・戒賢論師
【中　国】玄奘三蔵・慈恩大師・淄州大師・濮陽大師
【日　本】玄昉僧正・善珠《ぜんしゅ》僧正《そうじょう》・別當行賀・真興《しんごう》上綱《じょうこう》・權別當蔵俊・解脱上人

祖師方の容姿は、史料に基づくことが原則です。幸いなことに当山には祖師方を写した絵画や肖像彫刻が残されています。

たとえば、開祖・慈恩大師は、「容姿魁偉《かいい》、気概豪邁《ごうまい》、眼光炯々《けいけい》」と形容され、器量ただならぬ容姿がおのずとイメージされます。地方の軍司令官の家系出身でもあるからか、伝えられる絵画や彫像は、なかなかに武張《ぶば》った表情をしています。また、僧正蔵俊は、少し口を開いたり、ちょっとだけ舌が見える表情で描かれます。これはディベートが巧みで「八舌僧正」の異名を取ったことを伝えるための表現でしょう。

ただ、お一人だけ、当山に肖像史料が残されていない方がいます。日本の祖師の一人、玄昉僧正です。実は、当山に玄昉僧正と称される坐像があるのですが、それがどうも玄昉ではないようなのです。

玄昉は、いわば悲劇の人でした。留学先の唐で法相宗第三祖師の濮陽大師に師事し、その深い研鑽により、玄宗皇帝にも優遇されて紫袈裟を賜りました。そして帰国後は、法相教学の興隆に大きな影響を与えただけでなく、唐留学で得た学識のもと、朝廷にも重用されて政治の世界でも目覚ましい出世を遂げました。しかし、政権争いに巻き込まれて失脚。九州・大宰府の観世音寺《かんぜおんじ》別当に左遷され、非業の死を遂げています。そのあまりの出世ぶりに嫉妬や妬みもあったのでしょう。玄昉に関しては当時からさまざまな風説やスキャンダルが流布され、今なお諸説あります。

しかし私は、どうしても法相柱にお入れしたかった。玄昉僧正は、帰国に際して当時もっとも整っていた一切経五〇〇〇巻余を持ち帰りました。これほどまとまった数の経典が日本に導入されたのは初めてのことで、その影響はすさまじいものでした。これらの経典のおかげで、日本の僧侶たちは大いに学びを深めることができたのです。玄昉僧正は法相宗にとどまらず、日本仏教の礎を築いた方だと言っても過言ではないと思います。

というわけで、玄昉僧正のお姿だけは、制作担当の画家のイメージに委ねることにしましたが、制作にあたっては「なるべく男前に描いてくださいね」とお願いした次第です。

ラピスラズリが背景の神秘的な柱絵

柱絵の制作は、日本画家の畠中光亨《こうきょう》画伯にお願いしました。畠中画伯は寺院の出身で、自覚的な仏教者です。釈尊の生涯をライフワークとし、その足跡を訪ねて毎年インドへの長期スケッチ旅行を重ねつつ、日々制作に励まれています。その画の趣は、日本画の特徴である「線」がことのほか繊細で美しく、また、鮮やかな色彩感覚がまことに印象的で、見る者を魅了してやみません。

畠中画伯とは、浅からぬご縁があります。

今から二三年前、平成七年（一九九五）の一月一七日に、私はある方から案内をいただき、西宮市大谷記念美術館（兵庫）で開催されていたインド染織美術展に出かける予定を立てていました。毎月一七日には朝の八時半から南円堂での勤行《ごんぎょう》がありますので、それを終えて出かければ、午前中には到着できるかなといった計算でした。

ところが、この日の朝五時四六分五二秒、あの阪神・淡路大震災が発生したのです。もちろん、出かけるどころではありません。時間がたつにつれ、高速道路が崩落した様子や壊滅状態の街の映像、そして亡くなった方の数などが伝えられ、ただただ驚愕《きょうがく》し、心を痛めておりました。

もし地震が起こるのが四、五時間あとだったら、私は間違いなく禍災に遭遇していました。場合によっては命を落としていたかもしれません。生と死は、まさに紙一重なのでしょう。ですから私は今も、一月一七日には可能な限り一人で神戸に出かけ、小高い場所から黙禱《もくとう》させていただいております。

それからちょうど一年後のことです。大谷大学の佐々木令信《れいしん》教授（のちに名誉教授。故人）から「私の友人の畠中光享という画家が、興福寺の無著菩薩と世親菩薩を写生したいといっている。受け入れてくれないか」というお申し出がありました。

もちろん快諾し、双方の予定を擦り合わせたところ、たまたま一月一七日に決まっ

柱絵の制作にあたっては、袈裟をつけて衣の様子を検証することも。畠中画伯（左）と著者

て、畠中画伯と初めてお会いすることになりました。

そこで、いろいろと話しているうちに、一年前のインド染織美術展は畠中光享コレクションであったことが判明し、お互いに大いに驚いた次第。それから急速に親交を深めることとなりました。

一月一七日という忘れられない日の邂逅――「ご縁があるお人」とは、こうした思いがけない出来事があるものです。

平成の法相柱は、直径七七センチメートル（円周二・四五メートル）、長さ一〇メートル。柱を四層とし、下から上にインド・中国・日本の祖師方を配しました。

柱絵は「一〇〇〇年残る」ことを目指して、厳選した絵具と和紙を用い、柱に布麻を巻いて漆で固め、下張りの紙を三重に張りつけた上から、祖師画を重ね合わせています。そして祖師方のお姿は、畠中画伯いわく「修行のような気持ちで細かく筆を重ねて」描いていただきました。

一四人の祖師方は、華やかな天平時代にふさわしい、群青（ラピスラズリを原料とした青色顔料）を背景に描かれています。かつて貴重な群青をこれほど大量に使用した日本の古典絵画は皆無だといいます。中金堂内のほかの柱が丹土《につち》で赤みがかっているなかに、群青の法相柱がすっくと立つさまはまことに神秘的であり印象深いものがあります。

なお、法相柱は、創建時よりそれ自体が礼拝対象であり、平成の法相柱もそうした暦とした礼拝対象として再興したものです。四～五世紀頃のインドから連綿と受け継がれてきた、唯識仏教の長大な歩みを感じていただけることと思います。

平成の法相柱 祖師画

画・畠中光享〔一〇五～一一八頁〕

無著《むじゃく》菩薩《ぼさつ》（三九五～四七〇年頃と推定）

無著は、サンスクリット名アサンガの漢訳。西北インドのプルシャプラ（現パキスタンのペシャワール）のバラモンの家柄に生まれ、出家後にインド中部に移り、弥勒菩薩から唯識の教えを受けたと伝えられる。それを基盤に、人間の深層意識に根ざす言語活動を分析し、唯識仏教を大成させた学僧。代表著作に『摂《しょう》大乗論』がある

無著菩薩立像
運慶作 木造 像高一九四・七cm
鎌倉時代・建暦二年（一二一二）頃
国宝（北円堂安置）

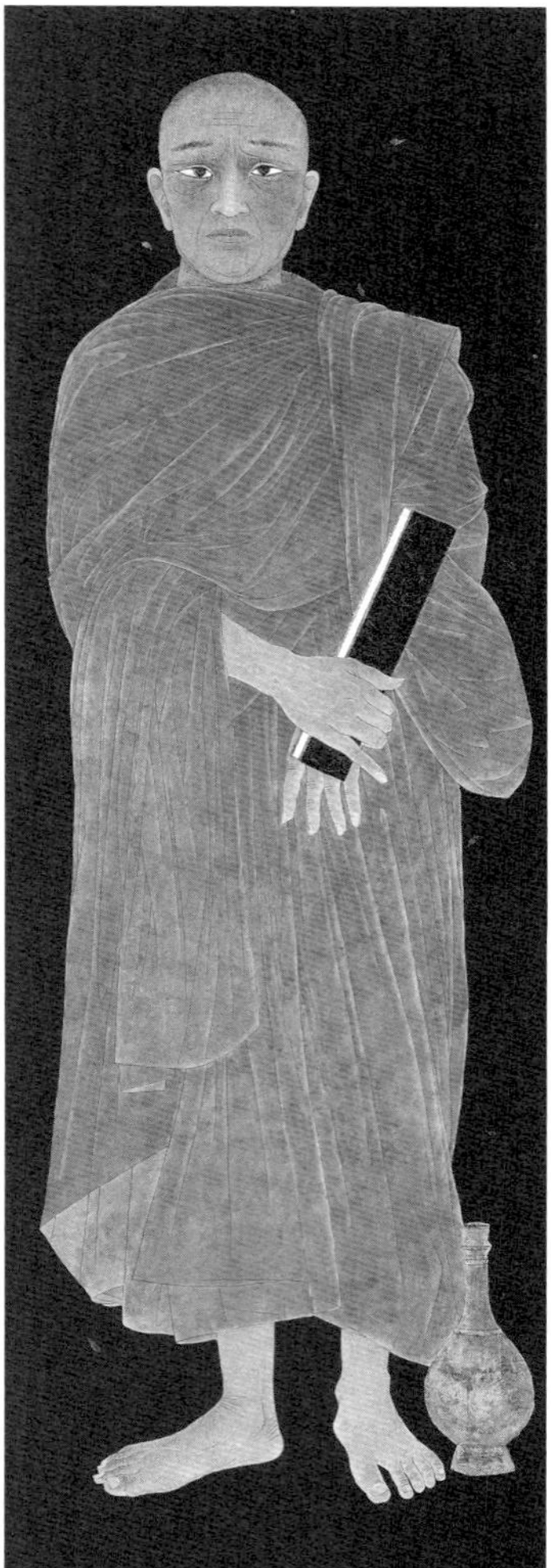

世《せ》親《しん》菩《ぼ》薩《さつ》（四〇〇～四八〇年頃と推定）

世親は、サンスクリット名ヴァスバンドゥの漢訳。無著の実弟。初めは小乗仏教の立場をとったが、兄の教化を受けて大乗仏教に改宗し、その唯識説を継承、発展させて当時のインド仏教を牽引した。「千部の論師」と呼ばれるほど著作が多く、なかでも『唯識二十論』『唯識三十頌』は名著として知られる

世親菩薩立像
運慶作　木造　像高一九一・六cm
鎌倉時代・建暦二年（一二一二）頃
国宝（北円堂安置）

護《ご》法《ほう》論《ろん》師《じ》（五三〇〜五六一年）

護法は、サンスクリット名ダルマパーラの漢訳。南インド・ドラビダ国の大臣の子として生まれたが、王の娘との結婚式の晩に出家したと伝えられる。若くしてナーランダ寺学頭となり、戒賢をはじめ多くの門弟を育成。世親唯識の詳細な注釈を行なって、唯識説の新たな展開に寄与したことから、のちの玄奘三蔵と慈恩大師はこの護法唯識を重視している

法相曼荼羅図（部分）
室町時代（国宝館収蔵）

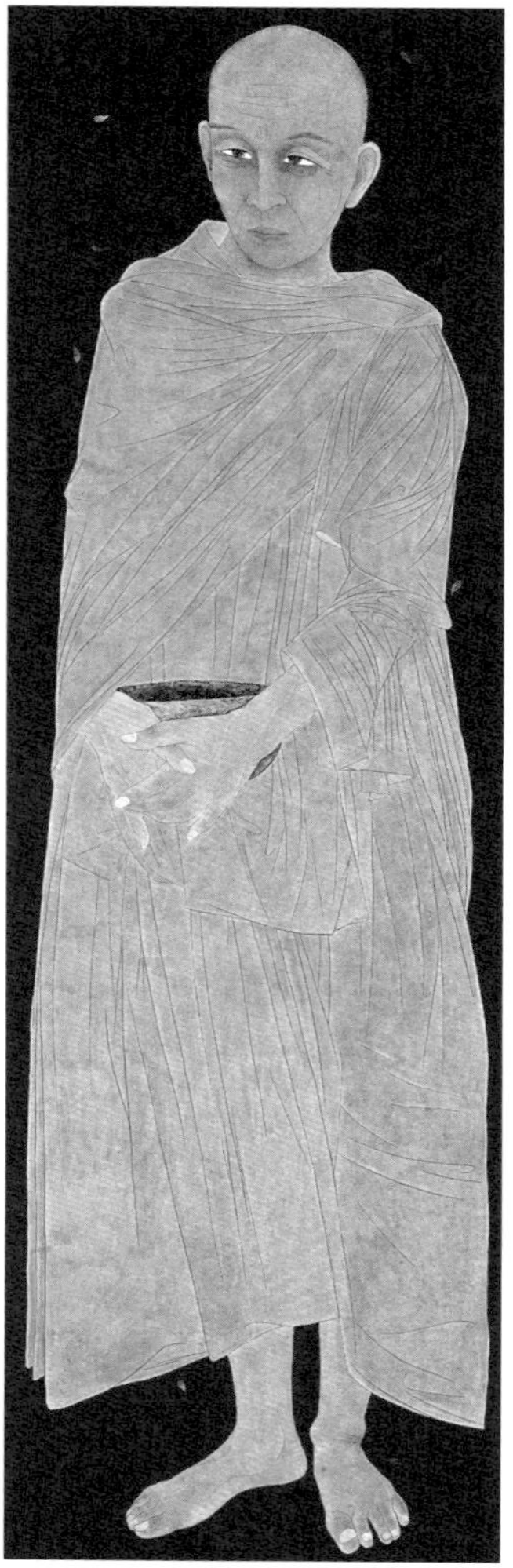

戒賢論師《かいけんろんじ》（五二九～六四五年）

戒賢は、サンスクリット名シーラバドラの漢訳。バラモンの家柄出身で、インド各地の明哲を訪ね歩いて学び、ナーランダ寺に至って護法門下となった。のちに、護法に継いで同寺院学頭に就き、後進を指導。玄奘三蔵がナーランダ寺院に到着したとき（六三四年）、戒賢は一〇六歳だったという

法相曼荼羅図（部分）
室町時代（国宝館収蔵）

玄奘《げんぞう》三蔵《さんぞう》（六〇二〜六六四年）

三蔵法師として知られる。六二九年、原典研究のために単身インドに向かい、戒賢論師に師事。万巻のサンスクリット原典を持って唐の長安に帰着し、経典翻訳に尽力した。世親の著した『唯識三十頌』のさまざまな注釈書を慈恩大師とともに訳出し、護法唯識を軸とした『成唯識論』を著す。同書は法相宗の根本聖典である。また、『大唐西域記』により西域の事情を紹介した

法相曼荼羅図（部分）
室町時代（国宝館収蔵）

慈恩大師《じおんだいし》（六三二〜六八二年）

名は窺基《きき》。一七歳で出家して玄奘の弟子となり、玄奘がインドから持ち帰った法相宗を大成した、法相宗祖。多くの訳経や『成唯識論述記』『唯識論樞要《すよう》』などの注釈書があることから、「百本の疏主《そしゅ》」と呼称される。唐・長安の大慈恩寺で研究を重ねたことから、慈恩大師とたたえられる。興福寺では天暦五年（九五一）以来、大師の忌日である一一月一三日に、その学恩に報謝する「慈恩会《じおんえ》」の法要が厳修されている

慈恩大師画像（一乗院本）
鎌倉時代　一三世紀（国宝館収蔵）

淄州大師《ししゅうだいし》（六五〇〜七一四年）

名は慧沼《えしょう》。唐代の淄州淄川（現在の中国山東省淄博市淄川区）の出身であるため、淄州大師と尊称される。慈恩大師に師事し、その精緻な学風で玄奘・慈恩の法相教学をさらに大きく発展させた、法相宗第二祖。『成唯識論了義燈《りょうぎとう》』を著して慈恩法相学の正当性を主張したのをはじめ、多くの注疏や訳経がある。興福寺では平安時代以降、一一月二日の大師の忌日に「淄州会」が催されていた

淄州大師画像
鎌倉時代（国宝館収蔵）

濮陽《ぼくよう》大《だい》師《し》（六六八～七二三年）

名は智周《ちしゅう》。慈恩・淄州の法灯を受け継ぎ、『唯識論演秘《えんぴ》』を著して名を上げ、法相宗第三祖に列せられた。同著は、慈恩大師の『唯識論枢要』、淄州大師の『成唯識論了義燈』とともに「唯識三《さん》箇《か》疏《りゅう》」といわれている。興福寺の玄昉が唐に留学中、この濮陽大師に唯識を学んだ。興福寺では平安時代以降、六月二日の大師の忌日に「濮陽会」が行なわれていた

濮陽大師画像
室町時代（国宝館収蔵）

玄昉僧正《げんぼうそうじょう》（生年不詳～七四六年）

七一七年に入唐し、法相宗第三祖の濮陽大師に師事して18年間在唐した。天平七年（七三五）、当時もっとも完備した五〇〇〇巻以上の経典を日本に持ち帰り、日本の法相教学の興隆に大きく貢献した。その学識で政治の世界でも重用され栄達したが、天平一七年（七四五）に失脚。翌年、左遷先の九州・大宰府で非業の死を遂げた

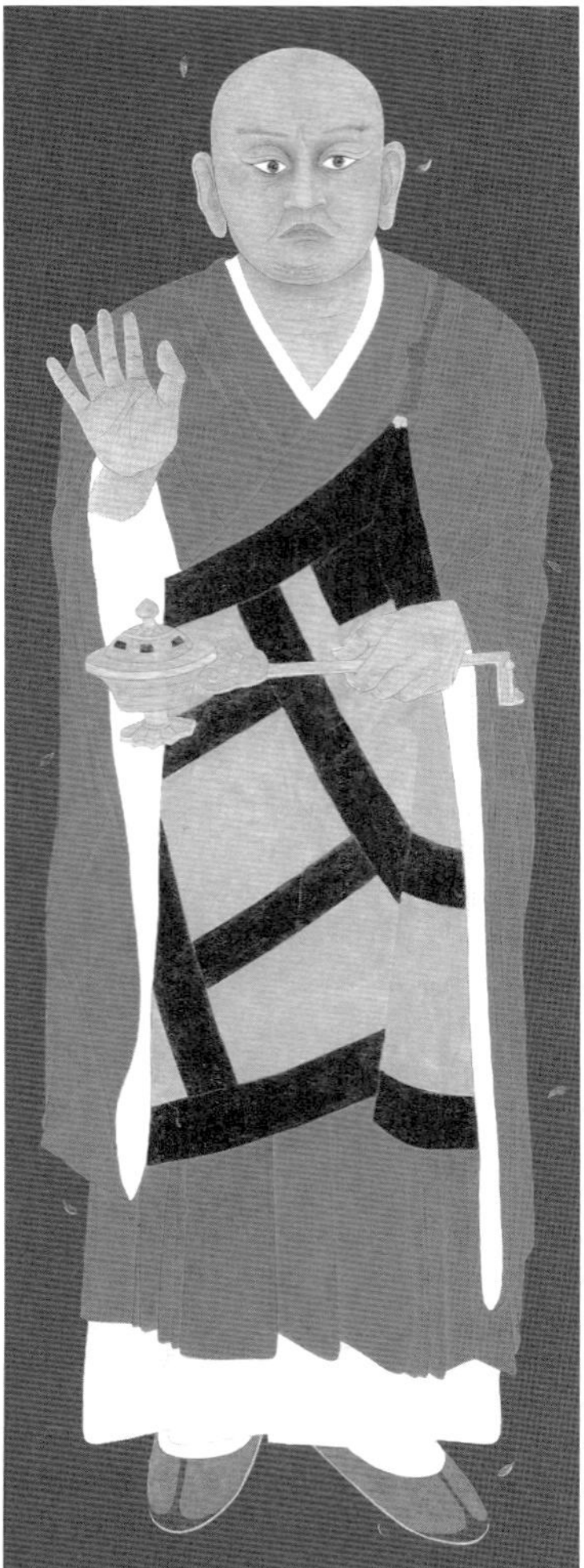

善珠僧正《ぜんしゅそうじょう》（七二三〜七九七年）

幼少から玄昉僧正に師事し、興福寺で唯識教学や因明《いんみょう》学（仏教論理学）を学ぶ。のちに光仁天皇の勅願により秋篠寺を開山して住持したことから、「秋篠の善珠」とも呼ばれる。光仁・桓武両天皇の護持僧でもあり、旺盛な著述注釈活動を展開して「宗祖・慈恩大師の後身、再来権化」とたたえられた

善珠坐像　康慶作
鎌倉時代　文治五年（一一八九）
国宝（南円堂安置）

別當《べっとう》行《ぎょう》賀《が》(七二八～八〇二年)

天平勝宝四年(七五二)に二五歳で唐に留学し、三一年にわたって在唐。唯識と法華二つの教学を学び、五〇〇巻以上の聖教要文を書写して日本に持ち帰った。帰国後、東大寺の明一の口頭試問に答えられず、罵倒されて涙を流したと伝えられるが、これは長い異国滞在で母国語がおぼつかなくなっていたためといわれている。井上靖の『僧行賀の涙』は、このエピソードをテーマとした作品

行賀坐像　康慶作
鎌倉時代　文治五年(一一八九)
国宝(南円堂安置)

真興上綱《しんごうじょうこう》（九三四～一〇〇四年）

興福寺の空晴《こうじょう》に師事して法相宗の研鑽に励み、法相宗の根本聖典『成唯識論』の訓点を正確に加えた功績をもつ。その後、吉野山で真言密教を学び、法相と真言密教との融合を模索した。教学関係の著述も多い。のちに山岳寺院である子島寺（奈良・高取町）を再興し、「子島先徳」「子島の上綱」と尊称される

法相曼荼羅図（部分）
室町時代（国宝館収蔵）

權別當《ごんのべっとう》蔵《ぞう》俊《しゅん》(一一〇四~一一八〇年)

院政期の興福寺僧。出世は遅かったものの、維摩会《ゆいまえ》の講師を務め、治承三年(一一七九)に興福寺権別当に任じられた。法相宗の唯識思想や因明学に通じ、問答に秀でた学僧で、「八舌僧正」の異名を持つ。止住《しじゅう》した菩提院は、さながら興福寺の教学センターの趣を呈した。その遺徳により、遷化《せんげ》後の建保二年(一二一四)に法印僧正の位官が贈られている

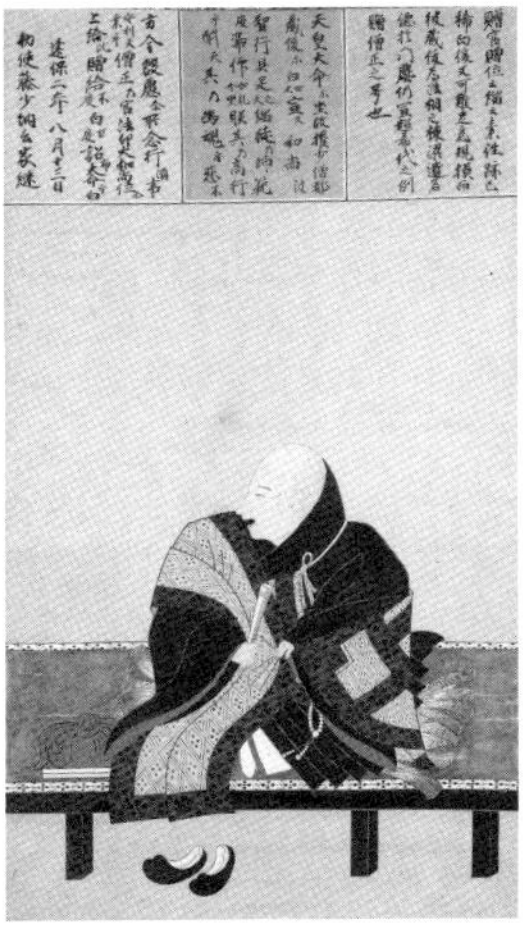

蔵俊僧正画像
江戸時代(国宝館収蔵)

解脱上人《げだつしょうにん》（一一五五～一二一三年）

名は貞慶。平治の乱（一一六〇年）で祖父の藤原通憲《みちのり》が失脚し、一族が没落するなか、叔父の覚憲《かくけん》（のちの興福寺別当）に導かれて蔵俊門下となった。その唯識教学は前代にない清新な展開をみせ、「法相宗中興」と仰がれる。また、生涯にわたり厳しい自己凝視を重ね、名著『愚迷発心集《ぐめいほっしんしゅう》』をものにして、その清冽な人となりを示した

解脱上人画像
江戸時代（国宝館収蔵）

金箔を押し直した荘厳な釈迦如来坐像

本章の最後に、中金堂の仏像についても少し説明しておきましょう。

中金堂の本尊は釈迦如来です。天平草創期の金堂（中金堂）の堂内には、藤原鎌足ゆかりの丈六《じょうろく》の釈迦三尊像と、四天王像が安置されていました。

丈六とは、仏様の身長が一丈六尺（約四八五センチメートル）であったことから、これとほぼ同じ高さの仏像を意味します。坐像の場合は半分の八尺（約二四三センチメートル）でつくられ（これも丈六）、ちなみに丈六より大きいものを大仏といいます。

「〇〇三尊像」とは、中尊（信仰の中心となる仏像）の左右に脇侍《きょうじ》（中尊の教化を補佐する役割をもつ）を配した安置形式です。中尊と脇侍との組み合わせは決まったものが多いのですが、必ずしも固定化されているとは限りません。

たとえば、釈迦如来が中尊の場合は、文殊《もんじゅ》菩薩と普賢《ふげん》菩薩を従えることが多いようですが、当山金堂（中金堂）では創建時から薬王菩薩と薬上菩薩が置かれていました。これは、より古い形式であると考えられます。

現在、安置されている釈迦如来坐像は五代目で、像内墨書から、「定朝卅一世・運慶廿八世」を称した仏師・赤尾右京が、江戸時代・文化八年（一八一一）に造立したことが知られています。座像高は約二八四センチメートルの丈六で、古様を模したスケールの大きな像であり、伝統ある興福寺の本尊としてふさわしいものとなっています。

さらに、今回の中金堂再建にあたり、釈迦如来坐像の傷んでいた金箔もすべて剝がして押し直しており、造立当時の燦然《さんぜん》たる輝きが蘇りました。また、再建中金堂の巨大な建物とバランスをとるために、釈迦三尊像を安置する須弥壇も高めに立派におつくりしています。これらすべてが相まって、天平草創期の豪華で荘厳な雰囲気を彷彿とさせてくれる内陣となっています。

なお、脇侍の薬王菩薩と薬上菩薩は、元は鎌倉再興期の西金堂の本尊・釈迦如来像の脇侍であったものを、享保二年（一七一七）の大火による被災後、文政二年（一八一九）に仮再建された中金堂本尊釈迦如来坐像の脇侍としてお迎えし、今日に至っています。

また、かつて両像の体内から、建仁二年（一二〇二）に造立を発願したとする旨を記し

釈迦如来坐像　木造　江戸時代　文化八年（一八一一）平成三〇年（二〇一八）修補　像高一八三・九cm

右・薬王菩薩立像　木造　鎌倉時代　建仁二年（一二〇二）　重要文化財　像高三六二cm
左・薬上菩薩立像　木造　鎌倉時代　建仁二年（一二〇二）　重要文化財　像高三六二cm

た木札と願文が見つかっています。三六〇センチメートルほどの大きな像で、木造で漆塗り、金箔を押して仕上げられています。

南円堂からお迎えした四天王

四天王とは、須弥壇の四方を固める仏法の守護神で、東の持国天《じこくてん》、南の増長天《ぞうちょうてん》、西の広目天《こうもくてん》、北の多聞天《たもんてん》から成っています。いずれも甲冑《かっちゅう》をまとった武将の姿で表され、足元に邪鬼を踏まえて本尊を四方から囲んで配されます。

中金堂再建にあたり、これまで南円堂にあった四天王立像（鎌倉時代、国宝）にこちらに遷《うつ》っていただきました。さまざまな図像的な研究により、以前仮金堂に安置されていた四天王こそが、本来の南円堂のものであることが確実になったからです（この四天王像は南円堂にお戻しするとともに、南円堂のほかの仏像にならって重要文化財から国宝に格上げされました）。

中金堂の新たな四天王立像は、顔や鎧《よろい》の表現が躍動的で表情も厳しく、緊張感が漂います。いずれの点をとっても熟達した仏師の作であることは間違いなく、造立時は

北円堂に所在した可能性が高いことから、運慶工房の作であると考えられています。また、近年の研究により、像の肉身色などから、従来持国天だった像が増長天、増長天だった像は広目天、広目天だった像は持国天であることがわかりました。いささかややこしい話で恐縮ですが、このたびの中金堂再建を機に、改めてご拝観いただき、しっかりと確認していただければと思います。

〔右から〕持国天立像（旧・広目天）
木造　鎌倉時代　一二～一三世紀
国宝　像高二〇〇cm

増長天立像（旧・持国天）
木造　鎌倉時代　一二～一三世紀
国宝　像高二〇六・六cm

広目天立像（旧・増長天）
木造　鎌倉時代　一二～一三世紀
国宝　像高一九七・五cm

多聞天立像
木造　鎌倉時代　一二～一三世紀
国宝　像高一九七・二cm

第五章　木材と瓦、職人たちの力を結集

多川貫首が中金堂再建を決意したとき、まず相談されたのは、宮大工の瀧川昭雄氏と瓦大工の山本清一氏でした。中金堂を藤原不比等が創建した和銅三年（七一〇）、天平当時の姿に復原するに当たっては、同時代の建物ですでに再建なった第一次大極殿、朱雀門（ともに平城宮跡）を絶妙のタッグで美しい姿に蘇らせた瀧川・山本両職人集団の力が不可欠だったからです。言うまでもなく、興福寺は平城宮の延長線上に位置していて、創建当時は興福寺から平城宮が見渡せたはずです。平城宮と対をなす興福寺の中核施設である中金堂はなんとしても、古式に則《のっと》ったものでなければなりません。瀧川、山本両氏は古《いにしえ》の工法を数十年にわたり研究し、伝統工法を熟知していました。実際この二つの職人集団のチームワークで、中金堂再建は四半世紀の年月を経て、見事に成し遂げられたのです。

「技術の伝承」はたやすいことではありません。正しいものを残していかなければ、文化が途絶えてしまうからです。この章では、数々の寺社建築に携わってきたお二人がどんな思いで中金堂の再建に情熱を傾けてきたか、その現場での足跡と、技術を次代へつなごうと努力する姿を追いました。

（取材・編集部）

瀧川昭雄《たきがわ・あきお》

昭和八年（一九三三）奈良県桜井市生まれ。瀧川寺社建築会長。祖父、父ともに宮大工。幼少時より父に連れられて現場へ顔を出したり、中学生になると休日には手伝いをするようになった。中学卒業後、祖父、父の跡を継いで宮大工となる。その後、奈良県文化財保存事務所に勤務、県職員として文化財の修理・復原に携わる。昭和五五年（一九八〇）に独立、瀧川工務店を引き継ぐ。その後、瀧川寺社建築と社名を改め、日本全国はもとより、モンゴル、香港などでも寺社建築の指導にあたる。現在は宮大工の育成などにも携わっている。

〈受賞・受章歴〉

昭和六二年（一九八七）　時事文化賞
平成一六年（二〇〇四）　香港ビルディング大賞
平成一七年（二〇〇五）　全国銘木展示大会　銘木大賞
平成一八年（二〇〇六）　文化庁長官賞
平成一九年（二〇〇七）　第二回ものづくり日本大賞
　内閣総理大臣賞
平成二二年（二〇一〇）　旭日単光章

その一　柱になる木材を調達する

興福寺中金堂再建を請け負ったのは、数々の寺社建築で知られる奈良県桜井市の瀧川寺社建築。奈良の宮大工として知られ、寺院・寺社の伝統的木造建築の復原・設計・施工での数多くの実績があります。奈良県内だけでも、平城宮跡朱雀門《すざくもん》復原工事、法隆寺百済《くだら》観音堂・新宝蔵院新築外部木工事、平城宮跡第一次太極殿正殿復原木工事、国宝・長谷寺本堂災害復旧工事などを手がけてきました。また、モンゴルや香港など海外でも、寺院建築の指揮を執るという実績があります。

瀧川寺社建築会長の瀧川昭雄さんは、祖父、父の跡を継いで宮大工になり、若い時分は、奈良県文化財保存事務所に勤務されていました。その時代に、寺社建築は大工仕事だけでは守れないことを学び、その後の仕事に大きく役立ったといいます。奈良県文化財保存事務所を昭和五五年（一九八〇）に退職後、瀧川寺社建築の前身である瀧川工務店を引き継ぎました。

上・興福寺中金堂を一三〇〇年前の姿に戻すには、約二〇〇〇本もの大木が必要となる
下・瀧川棟梁が収集した寺社建築に関する膨大な資料

上・水乾燥の終わった木は製材され、それぞれの用途に合うように加工されていく
下・多川貫首(左)と瀧川棟梁。多川貫首は毎日のように工事現場を訪れた

多川貫首とは、瀧川棟梁が瀧川寺社建築を立ち上げた頃からの付き合いとなります。瀧川棟梁の興福寺での最初の仕事は、昭和五七年（一九八二）の南円堂の納経所《のうきょうしょ》の改築でした。制約の多い、かなり難しい仕事にもかかわらず、施主の意向を十分にくみ、丁寧できれいな仕事でした。それで、平成二年（一九九〇）より、中金堂再建の相談を受けるようになったのでした。

創建当初の姿を目指して再建

一三〇〇年前に建てられ、七回も焼失し、そのたびに再建されてきた中金堂。江戸時代に建てられた仮堂を、創建当時のような中金堂に再建したいという思いは、多川貫首はもちろん、先々代からの夢でした。それがいよいよ実現へ向かってスタートしたのです。

「創造時の姿を木造で再現し、一〇〇〇年残る建物をつくる」というのがこのたびの復原の理念です。それを実現するためには、いくつもの困難を超えていかなければなりません。

また、寸法は、現代のメートル法ではなく、奈良時代に常用された「天平尺《てんぴょうじゃく》」が採用され、施工方法そのものは、古来から伝わる技術に則って建築されることとなりました。もちろん、綿密な構造計算や耐震性などに関しては最先端の技術を採り入れています。これは、伝統的な建築技術では建築基準法が求める耐震強度をクリアできない部分があるからです。

興福寺は、もともと山を削ってつくられた場所に建てられているため、地震の被害を受けにくいそうです。また、明日香は地震の少ない土地柄ともいわれています。この地にあって、中金堂は震度6の地震に耐えられる構造になっています。

瀧川棟梁によると平成一〇年（一九九八）に完成した平城京跡朱雀門、平成二二年（二〇一〇）に完成した平城京跡第一次大極殿の建築の際に研究された耐震技術も採り入れたそうです。たとえば壁ですが、昔のように土を塗り込むだけでは強度が出ません。そこで、一辺三〇センチメートルほどの格子を組んで、中にステンレス製の箱が取りつけられました。国により大極殿再建工事前に実物を茨城県つくば市の森林総合研究所（現・国立研究開発法人森林研究・整備機構）へ持ち込み、破壊テストが行なわれました。ステンレスの箱が弁当箱のようだったので、「弁当箱工法」と呼ばれたそうです。

柱上部や屋根を支える部分には、ステンレスや鋼板、ボルトが多用されました。中金堂の基礎工事中の現場をご覧になった方は、現代建築そのもののような鉄の骨組みを要した工事風景に驚かれたことでしょう。これは、中金堂の建物が二五〇〇トンを超えることから、下にある遺跡を保護するために鉄の骨組みで強度を高めているのです。

新しい研究や技術による工法もどんどん取り入れられているのがわかります。

もちろん、古建築では組物まではほとんど金属は使わず、木だけで組みます。以前、瀧川棟梁がある古寺の五重塔を解体・修理したときに、鉄くぎが使われていて、鉄くぎが膨張したために木が割れている部分を見つけたことがありました。木だけで組み合わせていればお互いがなじんで割れることもなかったかもしれないとのことでした。

このような伝統技術と最先端の技術の融合から、一三〇〇年も前の建物が現代へと蘇るのです。

瀧川棟梁は、平成一八年（二〇〇六）から三年ほど中国のお寺の九重塔建設でアドバイザーを務めたことがあるそうです。その工法が鉄とアルミ材で建てるというもので、ずいぶんと驚いたそうです。その塔は二五〇年くらいもてばよいとのことで、瀧川棟梁はそれならもつかもしれない、でも木でつくれば一〇〇〇年以上も残すことができるのにと思ったといいます。ただ現実問題として、中国にも塔の建材となる大きな木はないようでした。それでアルミ材だったのかもしれません。

そのことは、文化財の保存方法について考えるきっかけになったといいます。もし、古建築の解体・修理や再建を依頼されたとき、大木が調達できない場合、どうするのかという問題です。

上・興福寺中金堂平面図
中・興福寺中金堂桁行断面図
下・興福寺中金堂梁間断面図

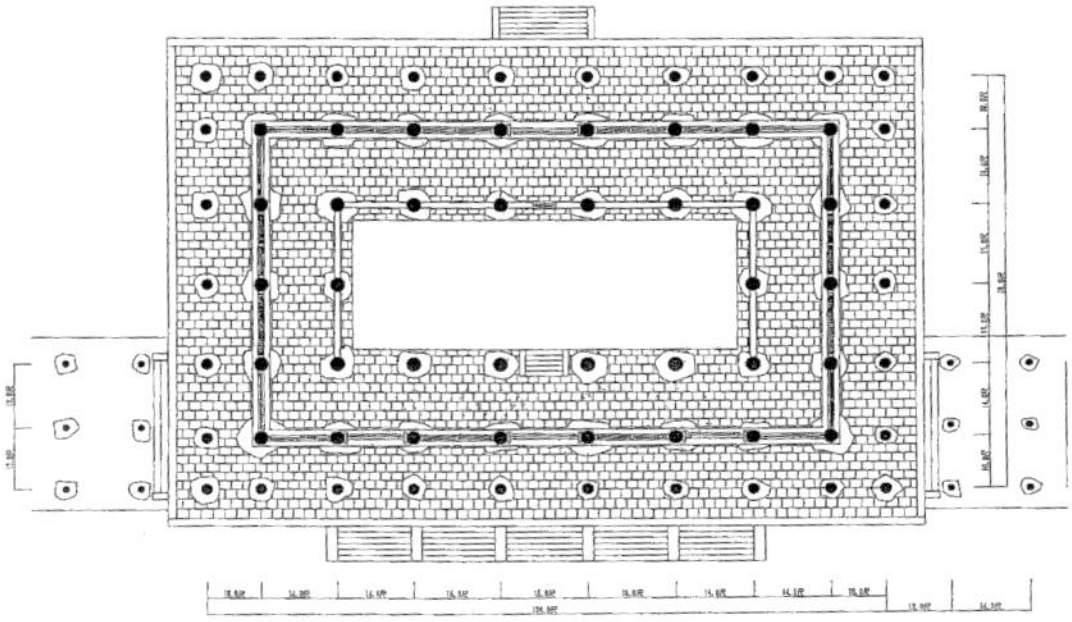

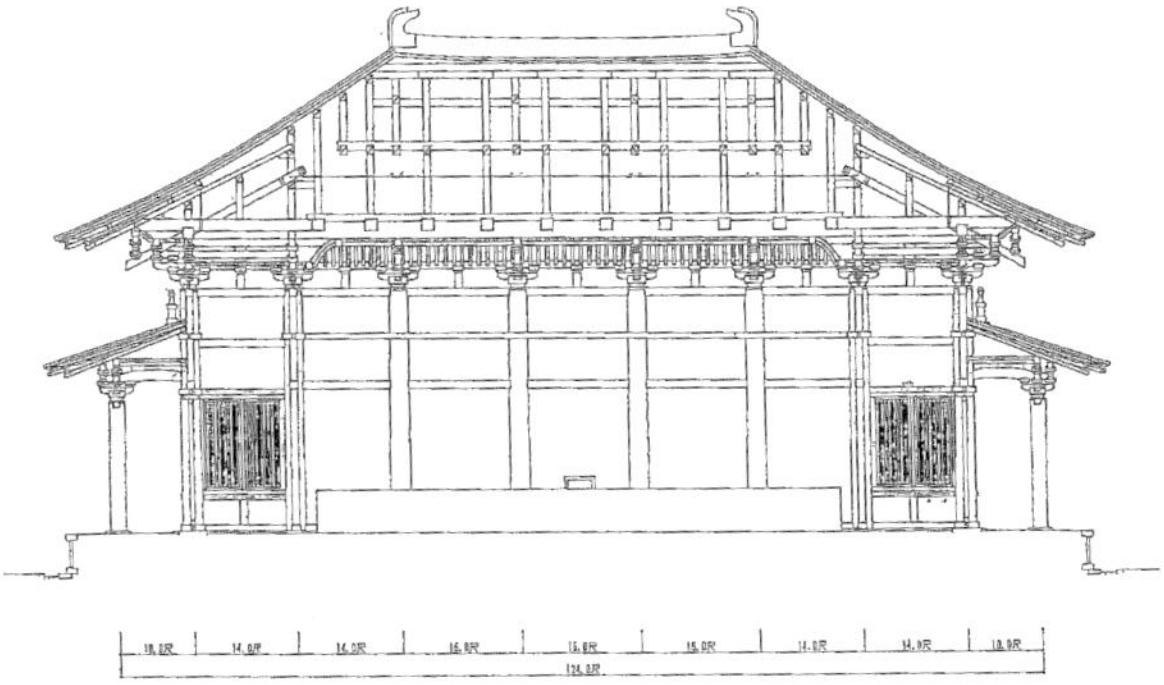

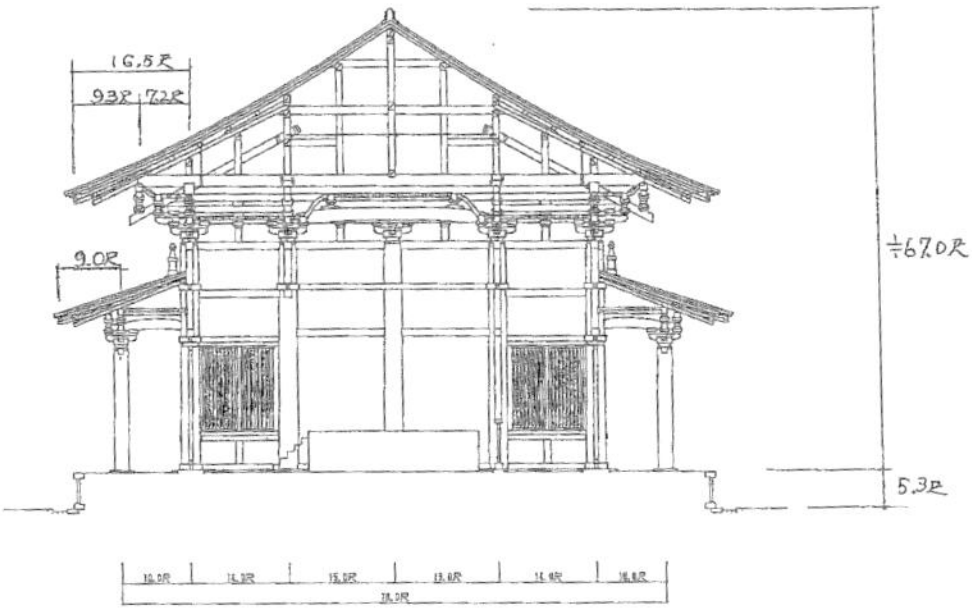

文化財の保存に関して、ヨーロッパと日本では大きな違いがあります。石の文化財が中心のヨーロッパではそのまま保存する現状保存が取られていますが、木造の文化財をもつ日本では形式保存が基本です。形式保存とは、修理・復原することによって、元の形を保つことで、必要な大木が得られないなら、代わりのものを探して形を保つわけです。もしかすると木の代わりにアルミ材を使う時代が来るのかもしれません。

復原には「様式」「素材」「技術」が必要

今までに一〇〇棟以上の寺社を建ててきた瀧川棟梁にとっても、古い建物の再建は「様式」「素材」「技術」の三つがそろって初めて可能になる大変な仕事です。

まず「様式」ですが、もちろん、図面は残っていません。そもそも、奈良時代には図面という考えもなかったことでしょう。では、どうような「様式」をもった建物だったのでしょうか。

寺社建築には、「規矩術《きくじゅつ》」という基礎となる技術があります。これは、曲尺《かねじゃく》（直角の物差し）一本で、複雑な寺院などの構造を描き出す作図法で、円などの曲線もすべて直線と三角形などの組み合わせで描き出すのです。たとえば、円をつくるにも、八角形から一六角形、三二角形、六四角形と角を増やしていき、最後に角を削ることできれいな円を描くのです。

古くから、寺社の建物は、この規矩の技術を使い、「原寸引き付け」といわれる、実物大の図面をつくって建てられました。それに合わせて型を取り、その型を木材に当てはめて加工していくのです。瀧川棟梁によると、現代の図面はあくまでも設計図であって、実物の何十分の一しかない図面だけで建てると誤差が生じてうまくかみ合わない部分が出てしまうからだそうです。この方法は今も受け継がれていて、規矩によりつくられた原寸大の図面により一ミリの誤差のない建物ができるといいます。

話は変わりますが、瀧川棟梁は、ライフワークとして「曲尺」の研究に取り組んでこられました。

奈良・飛鳥時代の宮大工はどんな物差しを使っていたのでしょうか。朝鮮半島から伝わってきた、「高麗尺《こまじゃく》」や「天平尺」が使われていたともいわれていますが、はっきりとはわかっていないそうです。

瀧川棟梁が持っている古い物差しに「魯班尺《ろはんじゃく》」があります。魯班は二五〇〇年前の中国

（三国時代の呉）で生まれ、インドに渡って建築を学んだといわれる、いわば宮大工のルーツとされる人物です。その魯班の名前のつけられたのが魯班尺です。

では、魯班尺とはどのようなものだったのでしょうか。

目盛りに吉凶を表す文字が書かれているのです。吉を表すのは「財・義・官・吉」で、凶を表すのは「病・離・劫・害」です。風水の思想から来ているもので、建物を建てるときにはおそらく「吉」に合うように寸法を決めたのではと瀧川棟梁は考えました。そして、法隆寺金堂の図面を魯班尺で測ってみたところ、すべての個所の長さが「吉」のところにピタッと納まることがわかりました。

つまり、飛鳥時代には、日本でも魯班尺が使われていたのではないかということが推測されます。そしてこの魯班尺が曲尺のルーツではないかと考えられます。

建物を魯班尺で測ることで、どの時代まで魯班尺が使われていたのか、いつ頃から曲尺が使われるようになったのか、たいへん興味深いことだそうです。

日本では、代々の宮大工によって磨かれた規矩術が師匠から弟子へと受け継がれてきました。秘伝の解説書として残っているものも現存し、瀧川寺社建築にも伝わっています。現在では、秘伝ということではなく、後世へ技術を残すため、また宮大工育成のために自ら教材をつくり、若い人たちに技術を教えているそうです。

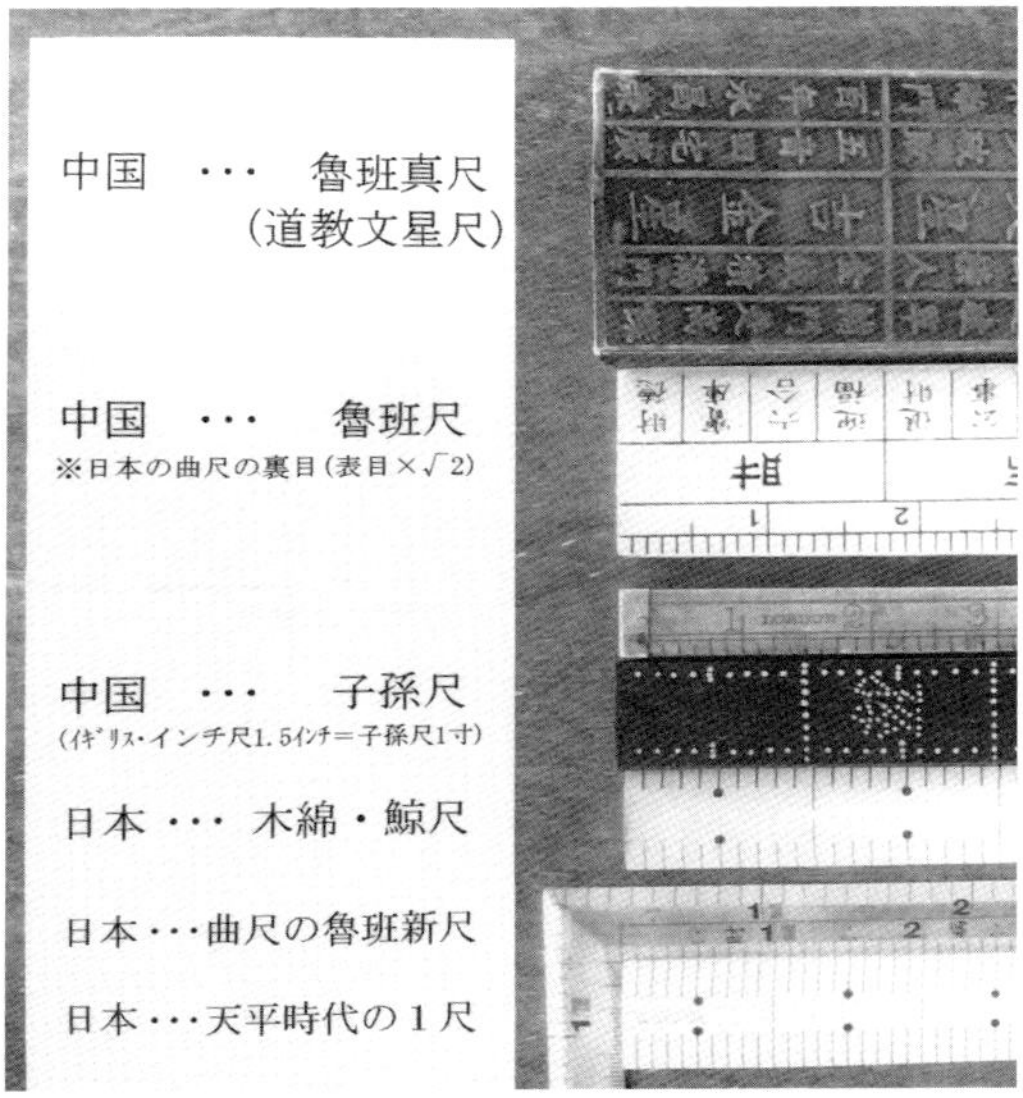

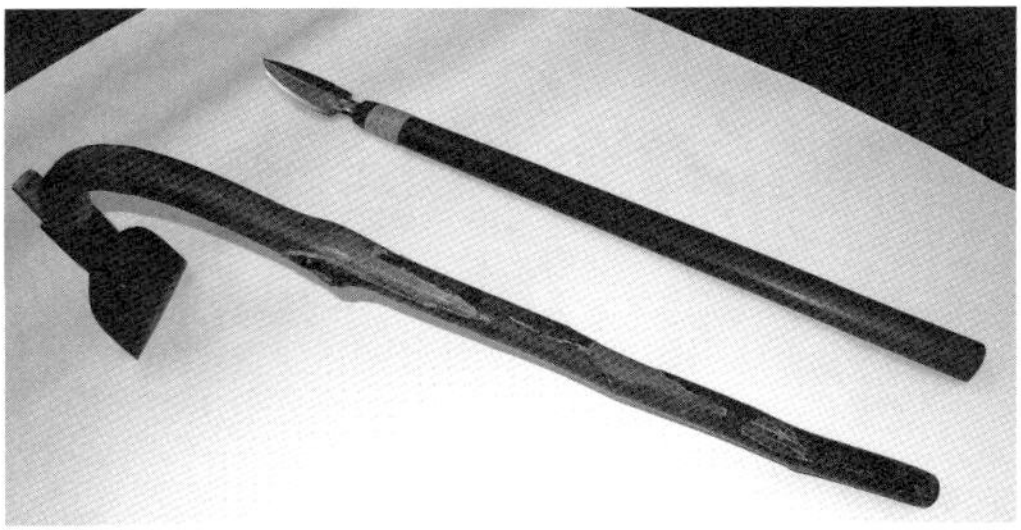

宮大工にとっての大切な道具類。瀧川棟梁は伝統的な道具の使い方の指導も行なっている
上・「曲尺」のルーツともいえる「魯班尺」など瀧川棟梁が収集した中国、日本の物差し
中・削りかんな(手前)と槍がんな
下・槍がんなを使うことで表面になだらかな表情が生まれる

さて、興福寺中金堂が実際にどのような「様式」だったのか、創建当時の姿を推測していくしかありません。

推測のもととなるのは、基壇の発掘調査や、平安時代の古文書や絵画に残された姿、室町期の中金堂を実測した図面、同時代の建物を調べる類似調査結果などです。

基壇の発掘調査は、平成一〇年（一九九八）度から中門と回廊跡の発掘調査を実施し、翌年から国の史跡整備補助事業に組み入れられ、回廊、中金堂前庭、中室跡の一部の調査を行ない、平成一二年（二〇〇〇）と一三年（二〇〇一）度に中金堂基壇の発掘調査を行ないました。

類似調査では、薬師寺や唐招提寺で行ないました。また、以前修復した喜光寺本堂修復図面なども参考にしました。

それらの調査の結果、唐招提寺形式、法隆寺形式であることがわかりました。中金堂は単層で、裳階つきの寄棟造、瓦葺きの格調高い天平様式とわかりました。寸法は現代のメートル法ではなく、奈良時代に常用された「天平尺」が採用されました。

次に「素材」。素材とは木、材木のことです。寺社の柱を見ればわかりますが、多くの寺社では直径八〇センチメートル以上の太い木を使っています。中金堂では、長さ一〇メートル、直径八〇センチメートルの柱だけでも三六本が必要とされます。直径八〇センチメートルの柱を切り出すためには、直径一・五〜二メートル以上の木がなければならないのです。

多川貫首は、柱だけでも日本のヒノキにしたいとの考えでしたが、残念ながら、そんなに大きなヒノキは日本のどこを探しても存在しません。そこで、海外から探すことになりました。目が向けられたのがまだ多くの大木が残るカナダやアフリカなどでした。

そして「技術」とは、宮大工です。多川貫首は三〇年以上前から、宮大工の養成の必要性を説いていました。瀧川会長も、技術を伝えていくために若い宮大工を育てていました。宮大工がいなくなってしまえば、ゆくゆく寺社の修復・再建はもとより、新築することもできなくなってしまいます。日本古来の技術を未来へつなげていくためには、継承する人を育てることも大切になります。

宮大工は、飛鳥時代に大陸からもたらされた伝統技術を現代まで引き継いで、寺社仏閣の建物を現代へ、そして未来へと継承しています。一三〇〇年前に大陸からやってきたのは僧侶であり、大工職人であったのかもしれません。仏教とともにその入れ物であるお寺をつくる方法を伝えたのでしょう。

さきほどの規矩術だけでなく、槍がんなというかんなも中国から伝わった、宮大工独特の道具です。これで柱を削ると表面に微妙な凹凸が生まれます。もちろん、中金堂の柱にも使われていますので、じっくりと見てください。

瀧川棟梁は、平成一八年（二〇〇六）に得度《とくど》し、在家信者として仏門に入りました。釈迦の弟子となり、五戒を守り、八正道を実践しています。本来秘伝である規矩の技術を宮大工を目指す人たちに惜しげもなく教えていると前述しましたが、人々の祈りの場である寺社は、仏像や経典などすべてを守る館です。五〇〇年、一〇〇〇年残る建物をつくるためには、正しい道を歩み、正しい行ないをすることがいちばん肝心なことと瀧川棟梁は言います。その教えを受け、これまでに瀧川棟梁のもとから巣立っていった宮大工は、一〇〇人近くになるそうです。

柱用木材は遠いアフリカ・カメルーンにあった

中金堂の再建において、最大の難関であるのが木材の調達でした。柱だけでも六六本の木材が必要となります。しかも、直径八〇センチメートルの母屋柱が三六本、直径六〇センチメートルの裳階柱が三〇本も必要なのです。当時、長野県や山梨県などの山々を回り、大木を探しましたが、見つけることはできませんでした。

日本の山にも直径一メートルの大木はある、といわれることがあるのですが、原木を製材して太さ八〇センチメートルの柱にするためには、原木の直径は一・五〜二メートルクラスでないとなりません。それに、根元が太いだけではだめで、一〇メートル以上の長さにわたって同じ太さがなくてもなりません。しかも、まっすぐな状態でです。そんな大木はめったにありません。さらに横に組む木材まで入れると約二〇〇本もの大木が必要となるのです。

また、太ければどんな木でもいいというわけではありません。やはり、一番いいのはヒノキです。硬すぎず、しなやかで長持ちするからです。法隆寺や薬師寺が一〇〇〇年以上も前の姿を残しているのは、良質なヒノキが使われているからでしょう。昔は、日本にも太いヒノキがたくさんあったことを物語っています。

ただ、建物に使われる木材は、建てられた時代ごとに変わっていると瀧川棟梁はいいます。奈良時代のお寺はほとんどヒノキですが、平安時代になるとスギが、鎌倉時代にはケヤキが、室町時代以降はマツも使われるようになったそうです。これは、早い時期に太いヒノキがなくなったのだろうとのことです。

木材の調達は、瀧川棟梁が中金堂再建の相談を受けたときからの課題でした。実は、平成元年（一九九八）の平城京跡朱雀門の再建では、直径七〇センチメートルの柱一八本をはじめ、吉野檜《よしのひのき》、木曾檜《きそひのき》など国産の木材を使うことができました。その後、第一次大極殿が再建され、この時点で、柱として使えるような国産のヒノキはほぼ使い終わってしまったようです。

柱だけでも日本のヒノキを使いたいという多川貫首の思いを鑑み、日本全国を探し回っても柱に使えるようなヒノキは見つかりませんでした。日本の木材にこだわっていては、中金堂再建はかないません。瀧川棟梁は、日本には柱となる木材がないことを証明するために、木曾や滋賀などの木材会社に多川貫首を実際に案内したそうです。

では、木はどこにあるのでしょうか。

しかも、一〇〇〇年先まで残るような建物をつくれる木です。日本になければ海外で探すしかありません。

世界の木材生産は、北米、ヨーロッパ、アジア、ロシア、南米、アフリカなどの国が主要となっています。その中でも、ヒノキやケヤキの代わりとして、寺社仏閣の建築材料として用いられることが多いのがカナダやアフリカの木材です。

北米産では、カナダブリティッシュコロンビア州一帯に生育するウエスタンレッドシダー（別名カナダスギ）は、豊富な雨量、比較的温暖な環境下で、通常樹高六〇メートル直径二メートルにも達し、針葉樹の中でも最も耐久性が高いといわれ、虫害にも強い木材です。

樹高一〇〇メートルにもなる、世界最長の木といわれるレッドウッド（別名セコイア）、イエローシダー（別名米ヒバ、アラスカヒノキ、アラスカシダー）は耐久性、不朽性に優れています。

一方、アフリカ産では、カメルーンやガボンなどの熱帯アフリカに生育するブビンガは、重硬で強度があり、耐久性に優れています。シロアリなどの虫害にも強く、幹の直径は一～二メートルに達し、樹高は二五～三〇メートルにもなります。

アフリカケヤキと呼ばれることもあるアパ（別名ドウシェ、アフゼリア）は、西アフリカから中央アフリカに生育する広葉樹で、ケヤキの代材として寺社仏閣の建築材として用いられることが多いといわれています。圧縮や曲げに強く、不朽性が高く、シロアリなどの虫害にも強いのが特徴です。

実際に、瀧川棟梁は、昭和五〇年（一九七五）から室生寺《むろうじ》の御影堂《みえいどう》の解体・修理を行ないました。御影堂は空海上人をお祀りしている建物で、室町時代前期に建てられたものです。そんなに大きなお堂ではありませんが、そのときカナダ産のレッドシダーを使用しました。四〇年以上たった現在でもあまり老化が進んでいません。このことからもカナダ産の木材の良さがわかると思います。日本には柱に使えるような木材はないのですから、海外産の木材を使用するのは、今や当たり前のことといえるのでしょう。

幸いにも、中金堂のためには、アフリカ・カメルーン産と、カナダ産の良質な大木を見つけることができました。

木材の調達が大事ということで、平成二年（一九九〇）、多川貫首は材木を探すために、金《かね》幸《こう》（奈良・桜井）の当時の井上幸夫社長に頼み、瀧川棟梁とともにカナダを訪れます。ヘリコプターでカナダのバンクーバー島の上空を飛び回ります。そして、直径一メートル以上のイエローシダーを見つけ、ジープでバンクーバー島の山中に分け入って、イエローシダーの巨木を見たり、伐採された大径木の細かな年輪などを実際に見てまわりました。その後、大径木としては、アフリカ・カメルーン産のアパもよさそうというので、その頃瀧川棟梁

瀧川棟梁が古建築顧問として携わった香港の寺院、志蓮浄苑。
着工は平成一〇年（一九九八）。カナダやアフリカ産の木材を使用していたので、多川貫首（右）も見学に訪れた

がその木を使って手がけていた、香港の志蓮浄苑の仏教建築を見学しました。カメルーン産のアパは、たいへん硬い材質で堅牢な素材であること、また表面の割れも微小で、これがいいのではということになりました。

そして、中金堂再建の基本設計と工事の総監修をお願いしている鈴木嘉吉先生にも実見していただき、カナダ産のイエローシダー、カメルーン産のアパを使うことになり、これらの木材を買うことに決めたのです。

これらのイエローシダーやアパを選んだのは、きめが細かく、日本のヒノキに近い材質だったからです。年輪の間隔は一ミリほどの細かさでした。これは一メートルの太さに育つのに一〇〇〇年もかかっていることを表しています。海外産とはいえ、このような上質な木材と出会えたことで、中金堂再建はほぼ成功したも同じでした。

今後、寺社建築を後世へ遺そうと考えるなら、木の問題は避けて通れません。昨今の環境問題などから、木材の輸出を禁止する国も増えています。寺社の建物は、三〇〇年ほどで解体・修理を行なうことを考え、ヒノキの植林を進めていくことが必要となっています。三〇〇年後の解体・修理では、日本のヒノキを使えるようにしたいというのが関係者の願いです。

ところで、世界の木材の売買や管理、流通の多くは大手商社が担っています。カナダやアフリカでは、買い付けの担当者が小型飛行機やヘリコプターで空から大木を探し、目星をつけた樹木を買い付けすることもあります。地上からその木の生育場所まで行って、伐採へと進むこともありますし、そのまま必要なときがくるまで管理することもあるそうです。

今回は、買い付けについては、金幸の井上幸信社長と、佐藤木材（奈良・天理）の佐藤典嗣社長にも加わっていただきました。金幸は寺社建築用材、大型木造建築用材向けの吉野檜や木曽檜などの製材を中心とした会社、佐藤木材はカナダヒノキの大径木など寺院、寺社向け、一般向けの建築材の輸入・販売・製材の会社です。まとめ買いせずに少しずつ購入し、最終設計の段階まで、お二人の会社で長い間保管してもらうことになりました。

木材の調達のめどがつきました。もともと木材の調達さえできれば、再建工事の八〇パーセントは終わったも同然といわれていましたので、中金堂再建は大きく前進したことになります。

とはいえ、調達した材木はそのままでは使えません。乾燥し、製材してから使います。

上・一六角加工を施した裳階柱。このようにして円柱へと仕上げていく
下・木材の加工が進む現場をチェックする瀧川棟梁。平成二二年（二〇一〇）六月

中金堂用の材木は、船で日本へと運ばれ、金幸、佐藤木材の二軒の材木会社に収めて管理されました。一回の航行で三本しか運べませんので、運搬にも時間がかかりました。その後、製材されて使われるのですが、その間の大事な工程として乾燥があります。建材として使用するのに適した含水率（木材の種類によっても多少変わりますが、通常一五パーセントくらいといわれています）まで乾燥させます。

このとき採用されるのが水中乾燥（水中貯木）の技術です。原木を水につける期間を経てから乾燥させることで、木のあくが抜けてその後の乾燥もスムーズにいくし、割れやゆがみなどが少なくなるといわれています。貯木場で水につけられて保存された後、水から引き上げて、乾燥させるのですが、この過程で五年ほど要します。この作業も、金幸、佐藤木材が請け負ってくれました。

材木の用意も終わり、平成二〇年（二〇〇八）に、中金堂・回廊・中門基壇の整備が完了し、いよいよ工事が始まります。

多川貫首が瀧川棟梁に中金堂再建を相談してから、二〇年近い年月が過ぎていました。多川貫首は、中金堂が完成するまで、毎日のように工事現場を訪れていたそうです。

平成二一年（二〇〇九）一〇月には基礎配筋工事が行なわれ、同年一一月には地鎮・鎮壇法要が執り行なわれました。平成二二年（二〇一〇）六月には礎石伏へと進みます。さらに三六本の母屋柱が立てられ、同年一〇月には立柱式が執り行なわれ、関係者、崇敬者の方々などに公開されました。

その後、工事は順調に進んでいきます。平成二四年（二〇一二）には、裳階の軒まわりと屋根下地の組み立て、母屋部分の組み立て。平成二五年（二〇一三）には母屋の円形地垂木《じだるき》と角の飛檐《ひえん》垂木組み立て、続いて屋根下地の組み立て。そして平成二六年（二〇一四）には、南都番匠方作法による上棟式、槌打ちの儀が行なわれました。

上棟式を終えるといよいよ瓦葺きの準備へと入ります。そして平成二七年（二〇一五）には母屋の瓦葺きが終わり、棟に鴟尾《しび》を設置しました。

平成二八年（二〇一六）には、高欄材丹土塗装、内部壁漆喰《しっくい》塗りも完了し、須弥壇下地整形を経て本尊の台材の漆塗り後、いよいよ本尊安置、脇侍安置作業へと進みます。さらに裳階土間石張り、本尊光背取りつけ、扉建て込みも完了しました。平成三〇年（二〇一八）に入ると高欄飾り金物取りつけへ、そして同年五月には素屋根解体に着手しました。

こうして、木材の調達から始まったすべての作業が終わり、当時の姿ままの中金堂の再建が成ったのです。

平成三〇年（二〇一八）六月には
素屋根解体作業が行なわれ、
中金堂が姿を現した

山本清一《やまもと・きよかず》

昭和七年（一九三二）、奈良県生まれ。日本伝統瓦技術保存会名誉会長。尋常高等小学校卒業後、父の下で瓦葺き職人に。その後、井上新太郎の下で本瓦葺きの修業をし、二六歳で独立。三八歳で瓦工場を設立して自ら瓦づくりを始め、本瓦葺きの問題点を改良した南都平瓦（特許取得）を開発している。法隆寺金堂、東大寺大仏殿、唐招提寺金堂、松本城、姫路城などの屋根の保存修理や、薬師寺伽藍、平城宮跡朱雀門、第一次大極殿などの再建、唐招提寺金堂の鴟尾の復原などに従事してきた。近年は古代の瓦づくりの研究と製作、道具類の復原、古代瓦窯（白鳳時代）の復原製作のほか、古代の屋根の葺き方についての研究と架台による施工にも取り組んでいる。著書に『めざすは飛鳥の千年瓦』（草思社、二〇〇六年）がある。

〈受賞・受章歴〉

平成六年（一九九四）　国認定 選定保存技術保持者（瓦葺き部門初）

平成一〇年（一九九八）　労働大臣卓越技能者表彰

平成一三年（二〇〇一）　黄綬褒章

平成一九年（二〇〇七）　旭日双光章

その二　目指すは一〇〇〇年もつ瓦

山本さんが会長を務める「山本瓦工業」(奈良・生駒)の工場(瓦工房)は、奈良県平群《へぐり》町の風光明媚な竜田川まほろば遊歩道沿いにあります。この地域には昔は多くの瓦工場が点在していました。しかし、時代が変わり今ではその数も減り、山本瓦のみになってしまったとか。

工場でお会いした山本清一さんは今年八六歳、瓦大工歴は七〇有余年、その技術を伝承していくために、現在は「日本伝統瓦技術保存会」理事の仕事にも携わっています。

山本さんは、職人における人間国宝「国認定 選定保存技術保持者」の認定を受けた、奈良県の誇る瓦大工です。手がけた伝統建築は一〇〇カ所以上、代表的なものには「法隆寺金堂」「東大寺大仏殿」「唐招提寺金堂」「善光寺」「長谷寺」「春日大社」「東本願寺」「松本城」「姫路城」などの屋根の保存修理や鴟尾の復元、「薬師寺伽藍」平城宮跡「朱雀門」「大極殿」などの再建事業が挙げられます。

工場の事務所には山本さんが研究のために集めた古代瓦の見本や、自らが製作した驚く

興福寺
中金堂　出土

山本さんの工場には、発掘された古代瓦の復原品が所狭しと並ぶ。
上段中央が、中金堂から出土した軒丸瓦と軒平瓦（屋根の縁に位置する場所に葺く）。文様が美しい

ほど精巧な瓦のミニチュア、収集した文献などが所狭しと並べられ、さながら学者の研究室のようなたたずまい。

言うまでもなく、これら国宝や重要文化財の屋根の修理や復原には創建時代そのままに維持するという難しい問題を解決しなければなりませんでした。そのため、古代瓦の焼き方や、当時の瓦の葺き方などを勉強することが不可欠でした。「屋根屋の勉強は学者さんのように姿、形、時代様式を知るだけではなく、それを復原してきれいに葺かなくてはならない」。だからこそより深い研究が必要だった、その数十年にわたる研究の成果のすべてがこの部屋にありました。

中金堂、天平時代の瓦を復原

山本清一さんに、多川貫首から中金堂の再建について相談があったのは、平成二〇年(二〇〇八)頃のことでした。

それまでにも興福寺では、昭和五七年(一九八二)に本坊客殿、翌五八年(一九八三)に一言観音堂、(旧)中金堂、平成五年(一九九三)には南円堂平瓦の製作、平成六、七年(一九九四、九五)と隅棟鬼瓦、大屋根、拝所、さらに五重塔などを手がけてきた実績がありました。ま

上・中金堂の再建に使用された瓦。発掘調査により出土した創建当初の軒丸瓦と軒平瓦をもとに製作された。軒丸瓦（右）は線鋸歯文縁複弁蓮華文、軒平瓦（左）は下方に鋸歯文を入れた均整唐草文

下・平成二九年（二〇一七）一一月、発掘された興福寺の瓦窯。現場は興福寺から北へ二〇〇メートルの旧境内で、奈良県庁のすぐそば。平安末期から鎌倉時代に瓦を焼いた窯跡の可能性が高い。創建当時の興福寺瓦は梅谷瓦窯、荒地瓦窯等でつくられた

た個人的にも家族付き合いもありお互い気心も知れていたといいます。

多川貫首が目指すのは、創建された天平時代の姿を蘇らせることでしたから、まずは、その時代に建てられた中金堂には、どのような瓦がどう使われていたのかを検証する必要がありました。幸いなことに、天平時代の興福寺に使用されていた当時そのままの瓦は、京都と奈良の境に位置する奈良山丘陵で発掘された梅谷瓦窯（瓦を焼いた窯）跡地から出土していました。山本さんは平成五年（一九九三）当時、多川貫首や興福寺の前境内管理室長で瓦研究者の藪中五百樹《やぶなかいおき》氏とともに発掘現場を訪ねたことがあったそうです。

今から約一三〇〇年前の昔、平城遷都が決まった奈良近郊には、様々な工房が設けられました。平城宮の宮殿や寺社に葺かれた瓦は当時、数百万枚に及んだと推測されています。瓦窯が発掘された奈良山丘陵は、瓦づくりに欠かせない粘土や燃料が豊富な地域でしたので、ここに瓦工房があったというのも必然でした。

また、中金堂の発掘調査の折にも創建時の瓦が出土しています。参考にすべき瓦は目の前にあったわけですから、あとはそれを忠実に復元することです。瓦のつくり方にしろ使い方にしろ、研究者の藪中さんの指示に従ったことは言うまでもありません。

参考になったものはほかにもあります。中金堂創建と同時代の建築物である、唐招提寺金堂修復、平城宮跡整備事業です。平城宮の主たる建物である朱雀門、大極殿は、山本瓦工業が瀧川寺社建築とタッグを組んですでに再建と成っていました。

そのときの瓦葺きの経験も、中金堂の屋根に生かされています。

瓦づくりに延べ九〇〇〇人！
瓦葺きに延べ九〇〇〇人の職人が参加

さて、復原瓦はどのようにしてつくられたのでしょう。瓦の復原においていったい何が一番大切なのでしょうか。

山本さんは「瓦づくりは一窯、二土、三仕事と思うております。たとえば、奈良の元興寺極楽堂の瓦は一四〇〇年前の瓦で、飛鳥時代のものですわ。いろいろ見たら、やっぱりよく焼いた瓦が残っとるんです。先人がやってのけたのやから、わしらのはもっともたさにゃあかん。少なくとも一〇〇〇年はもたそうと思って焼いとったね」。しかしそうなると瓦のもちがよすぎて「丁寧にやればやるほど、自分の仕事がなくなるちゅうことやから因果なもんですな」と笑います。

結局つくった瓦は全部で七万一〇〇〇枚！(南都平瓦四万二〇〇〇枚、丸瓦二万一〇〇〇枚、その他八〇〇〇枚）にも及びました。また、中金堂の瓦づくりのプロセスは、以下のようでした。

①生寸図面作成→②型の製作→③現土購入→④荒地づくり→⑤成形（平瓦、丸瓦、軒平瓦、軒丸瓦等の形をつくる）→⑥乾燥→⑦窯積み→⑧焼成→⑨窯出し→⑩検品→⑪梱包

工程の中で一番注意したのは、乾燥でした。乾燥は瓦の水分を取り除く作業ですが、瓦の中に水分が残っていると焼くときに膨張して瓦が割れてしまいます。そのため、ゆっくり均一に乾かすわけですが、その作業は手間もかかるし経験も必要な難しい工程だといいます。

そうして中金堂に使用する瓦七万一〇〇〇枚を用意するのに三年の月日と延べ九〇〇〇人の瓦職人の手が必要でした。なんという膨大な作業でしょうか。それもすべては「瓦を一日でも一時間でも長く保たせたい、それが職人の技と心や。われわれはそういう気持ちでつくっとるんや」。山本さんは、そう力を込めます。瓦づくりの情熱は尽きません。

美しい稜線を描く屋根を葺く

瓦の準備が整うと、次はいよいよ屋根を葺きます。工程は以下です。

①瓦桟工事→②軒平瓦葺き→③平瓦葺き→④軒丸瓦葺き→⑤丸瓦葺き→⑥面戸瓦葺き（空間を埋めるための瓦）→⑦棟積み（鴟尾設置）

中金堂の屋根は二重構造の寄棟造、棟（屋根のてっぺん）には、金箔を施した一対の鴟尾を載いています。目標としたのは、「大屋根が長いので、丸瓦、隅棟を通りよくきれいに葺き上げること。唐招提寺の金堂にしろ、天平時代の屋根は優雅やさかい。きれいな葺き上がりが数百年先まで維持されるように葺いとるからね」。

山本瓦工業ではまた、唐招提寺金堂等の鴟尾を手がけた経験がありました。しかし、中金堂の発掘調査では鴟尾は出土していなかったため、どんな鴟尾にするのか考えましたが、同時代で現存する（一つのみで、もう一つは鎌倉時代のもの）唐招提寺金堂や古代寺院から出土した鴟尾の形にならうことにしました。側面に施した唐草文は中金堂須弥壇下出土の鎮壇具に施されていた唐草文をアレンジしたものです。

まず、実際の二分の一縮尺の鴟尾を瓦で製作して、バランスなどをチェックしました。中金堂に設置された実際の鴟尾は、青銅製で大きさは高さ二・〇三メートル、重さは一・一トンにも及びました。鴟尾は大工職人さんや鋳造屋さんとともに移動式大型クレーンを使用して設置しましたが、なかなか大変な作業だったそうです。

大屋根の棟で、その存在を主張している鴟尾ですが、ではなぜ寺院の屋根には鴟尾があるのでしょうか？　山本さんはこう考えています。

「鴟尾は飛鳥、奈良時代から重要な建物の棟に載せられていました。出土品にもその一部が出てきています。鴟尾は魚やという人もあるし、鳥という説もあります。わしは鳥やと思っています。屋根のてっぺんに位置する大棟は両端がそり上がって天に向かっていますが、鴟尾は魔除けや大棟のそりを、より強調する目的もあったんやないかな。建物で一番怖いのは雷と台風です。天から悪いものが来ると思っていたのでしょうな。屋根には仏さんを守るものがいるぞと、そういう意味だったんでしょうな。日本に現存する最古の鴟尾は飛鳥寺のもので、発掘品ですが、屋根の上にしっかりと残っていたのは、唐招提寺のもので、世界でも現役で残っていたのは、この鴟尾だけですわ。飛鳥時代の鴟尾は全体に羽根の文様があります。そしてひれは先端まであります。そやから、わしは鴟尾は鳥だと思いますのや。鴟尾は右左同じもので、雌雄もなしです。鴟尾はつくるのに技術が必要で、

上・平成二七年(二〇一五)六月、裳階(大屋根の下に位置する屋根)の瓦葺きに着手する。野地葺きの上に下から瓦を丁寧に葺き上げていく。約三か月で完成
下・金箔を施した一対の鴟尾。平成二二年(二〇一〇)から試作を始め、実際に大屋根に設置したのは平成二七年(二〇一五)であった。高さだけでも、二メートル以上の大きさ

難しい部類に入ります。内側は空洞で筒状になっていて、高く持ち上がり、そっから尻尾を曲げていかなならんのです。コの字を、書き順を逆にして書くような感じですわ。

鴟尾は屋根に簡単に載せられるものとは違うんです。屋根にもそれを受け入れる構造や棟の形、全体の構成というのが必要になるんです。そやから鴟尾がうまくいかなかったから鬼瓦にしようとか、簡単に変えられるもんではないんです」

平成二七年（二〇一五）三月、中金堂の棟に一対の金色の鴟尾が無事設置され、その後、平成二八年（二〇一六）三月、山本瓦工業の作業はすべて終了しました。多川貫首より相談を受けてから八年の月日が流れていました。

葺き終わって見事に天平時代のままに復原された中金堂の、優雅な大屋根を見つめながら山本さんは、瓦の棟梁として参加した東大寺の昭和大修理のときのことを思い出していました。全体の六割近い六万六〇〇〇枚もの瓦を補足瓦として新しく葺き直す大変な作業。そして迎えた落慶法要の当日、昭和五五年（一九八〇）一〇月一五日、山本さんは鴟尾の幕を外す役を任されていました。名誉あるその瞬間、金色の鴟尾は秋の凛《りん》とした空気の中、光り輝いていました。山本さん、四七歳のときの忘れられない思い出です。

天平の瓦とその歴史

では、天平の瓦はどんなものだったのでしょうか？　ここで、瓦の歴史を簡単に紐解いてみましょう。『日本書紀』によると、崇峻《すしゅん》天皇元年（五八八）仏教の伝来とともに様々な文化、技術が百済を経由して渡来してきました。飛鳥寺建築のために、四人の瓦博士がやってきたのです。その後、六〇七年に建立された法隆寺のときにはすでに国内の技術者による独自の技術での瓦文化がスタートしました。山本さんはこれ以降の瓦について以下のように解説してくれました。

「飛鳥時代から白鳳時代にかけての瓦は、つくるのも初めてやったから、そら一生懸命手づくりした跡がちゃんと残ってますわ。白鳳時代にはもっとがんばり、大きくて立派な瓦がつくられました。天平時代になると瓦に化粧を施し量産するようになったため、瓦が小ぶりになりました。ところが、平安時代には、瓦がいったん絶えてしもうたような時期がありますす。檜皮《ひわだ》やこけら葺きというような自然素材に戻ってしまったんですな。焼きも悪くなって、まあ、魂の抜けたような瓦ばっかりですわ。法隆寺には様々な時代の瓦が載っていましたが、平安の瓦は質が悪いですわ。ところが、鎌倉、室町ではまた瓦が見事に復活。焼きもすばらしい。日本の瓦は室町時代に完成したといってもいいですな。

江戸時代に入ると「簡略瓦」という瓦の簡略化が本格的に始まりました。また、江戸では元禄年間の瓦はかなりいいです。それから以後はずるずると悪くなって、明治、大正は焼きが足らんのですわ。昭和になると、機械が導入されてきますが、戦争でいったん途切れます。戦後には瓦も大量生産されますが、量産された瓦は悪かったですな。最近では色もカラフルになり、住宅も変化したしマンションも増えて、みな瓦ちゅうもんをのせなくなってきてるわな」

瓦の需要が落ちてきている今、生産量も減少の一途をたどり、全国で休業や廃業が相次いでいるとか。そんな現状を見るとき、これから先の時代に「瓦をどう伝えていくかが大きな課題」と山本さんは言います。

技の伝承は一代欠けたら終わり。「日本伝統瓦技術保存会」をつくった意義

すべてのものが近代化していくと、いくら立派な文化財が残っていても、修理する、つくるという「技術」が途絶えてしまうことになり、文化財を守ることもできなくなってしまいます。それを危惧した山本さんは、平成三年（一九九一）に、「日本伝統瓦技術保存会」

の設立にも尽力しました。

「技術の伝承は、一代欠けたら終わりです。今ならまだ探せば教えてくれる人がおるんやから、わかるうち教わり、教え、残さなきゃあかんわけです。文化財の真の復元とは何か、技術を継承していくとはどういうことかを考えていかんと、ほんまに間にあわんようになってしまいます。人を育てながらものづくりをするということは、国の宝、無形の財産ですわ」。今は古代瓦の伝承のためにこの会を通じて「瓦製造」「葺き上げ」双方における伝統技術の研鑽と継承及び後継者を養成するための活動を熱心に行なっている山本さん。そこでは、数多くの文化財の修復、再建に携わってきた長年の経験が生かされ、山本瓦工業を始め、たくさんの後継者が育ってきています。

「真の職人に大事なのは、ええ仕事をしようという気持ち。その気持ちがあれば自然に手足が動くから上手になりますわ。真心をこめてやっていれば、腕は勝手についてくるもんです」。山本さんは今でも毎日、働く若い後継者たちのため、朝六時には工場に行ってお茶を入れています。愛情を込めて人を育てる、心優しい瓦大工の山本さんの手になる中金堂の美しい屋根は、これから何百年もの時を刻んで建ち続け、人々に感動を与えることでしょう。

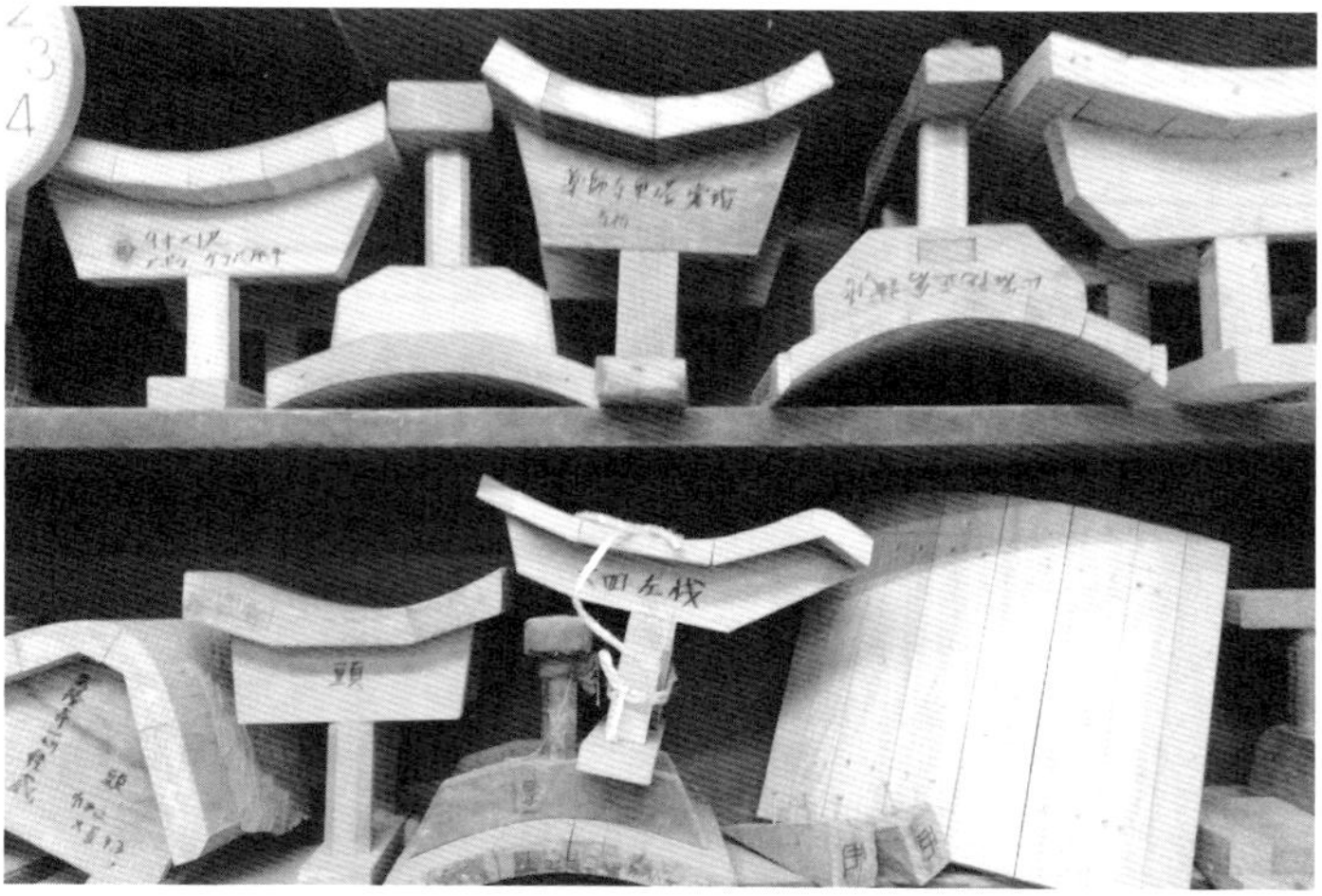

上・山本瓦工業の工場では、施工に先立って、山本さんが教えた屋根の原寸図を描くことを若い職人たちが継承している。これが瓦葺きのすべての作業のもとになる

下・軒先に用いる軒平瓦(雨風を防ぐための瓦)の製作道具、木製の仕上げ台各種。つくる瓦の大きさによって曲率(曲線)も大きさも異なる。粘土が木の表面につかないよう麻布をかぶせて作業を行なう

上・軒平瓦の成形工程。仕上げ台に平瓦をのせ文様が彫られている木型を粘土に押しつけ文様を写す。その後余分な粘土を落としきれいに成形する
下・成形した瓦を乾燥させる大切な工程。乾燥とは水分を取り除く作業である。粘土に水分が残っていると焼くときに膨張して割れてしまうことも

興福寺の至宝

仏像との新たな出会いのために

興福寺は、優れた仏教美術品を有することでも知られています。特に、現在の地に寺域を構えた「奈良時代の草創期」と、治承四年（一一八〇）の平重衡による南都焼き討ち後の「鎌倉復興期」という二つの時期が注目されています。

前者では、好きな仏像ランキング一位に輝く天平の名宝・阿修羅《あしゅら》をはじめとする八《はち》部衆《ぶしゅう》像と十大弟子像があまりにも有名です。

後者においては、興福寺が運慶をはじめとする慶派《けいは》仏師の活躍の舞台となったこともあり、数多くの仏像がつくられました。南円堂の康慶《こうけい》作品、北円堂《ほくえんどう》の運慶の弥勒如来《みろくにょらい》や無著《むじゃく》・世親《せしん》、東金堂《とうこんどう》の定慶《じょうけい》作品、そしてかつては西金堂《さいこんどう》に安置されていた金剛力士《こんごうりきし》と天燈鬼《てんとうき》・龍燈鬼《りゅうとうき》（いずれも現在は国宝館安置）などで、当山が鎌倉彫刻の宝庫といわれるゆえんです。

ですが、この間の平安時代にも、躍動感あふれる板彫十《いたぼりじゅう》二《に》神将《しんしょう》立像（国宝館安置）や東金堂・北円堂の四天王像など、注目すべき作品が少なくありません。

こうして眺めますと、当山ではいつの時代もそのときどきの「今」を生きた人々が思いを込めて仏像をつくり、あるいは心を尽くして修繕・復興してきたことがわかります。そして、その後の近世や近代においても、地道な受け継ぎや受け渡しを経て今に伝わることを忘れてはいけません。

たとえば、現在の阿修羅像の色彩は、天平のものも一部残っておりますが、おおむね後世のものです。永承元年（一〇四六）の大火で西金堂が焼失した折に救出された諸仏は、承暦二年（一〇七八）の再興供養に際して彩色し直され、その後も中世に補彩を受けていると見られます。つまり、そういう色を、私たちは見ているわけです。

「なーんだ、天平の色じゃないのか」などと言うなかれ。これもまた、そうして受け継ぎ、受け渡して伝世してきたことを深く味わい想うべきでしょう。そのようにして小さな自己が膨大な時空に呑《の》み込まれていけば、仏像の前に立つ意義も、あるいはほとんど満たされているのかもしれません。

また、仏像を「みる」ということは、その一方で必ず仏像に「みられてもいる」ということです。そうした双方向性に気づき、その間柄を深めていけば、ついにはその仏（像）に「見守られている」という身体感覚が養われていくでしょう。

このような視点と心持ちで迎える仏像との新たな出会いは、せわしない現代に生きる私たちに、大いなる潤いと豊かさを与えてくれるものと確信しています。

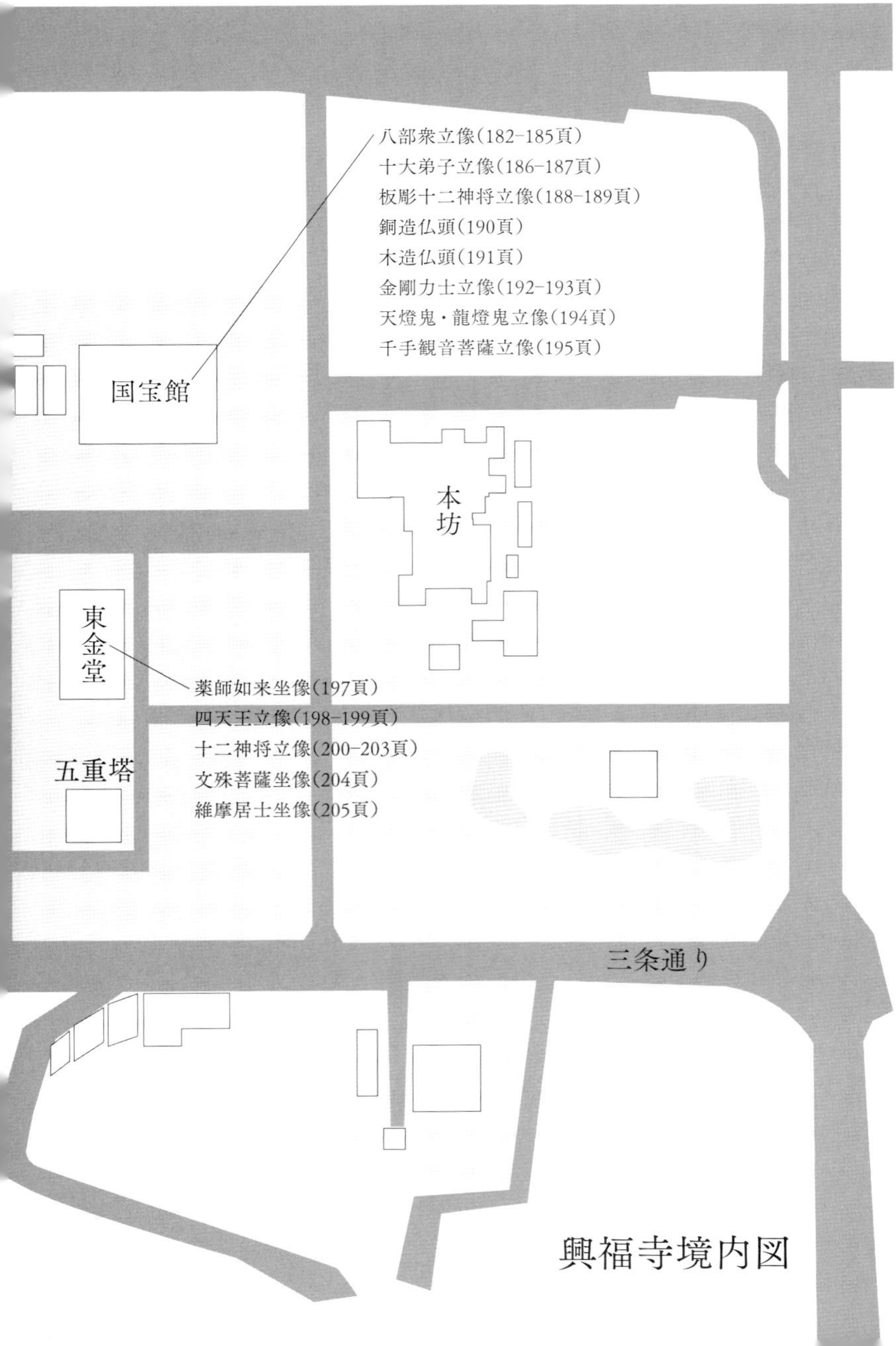
八部衆立像（182–185頁）
十大弟子立像（186–187頁）
板彫十二神将立像（188–189頁）
銅造仏頭（190頁）
木造仏頭（191頁）
金剛力士立像（192–193頁）
天燈鬼・龍燈鬼立像（194頁）
千手観音菩薩立像（195頁）
国宝館
本坊
東金堂
薬師如来坐像（197頁）
四天王立像（198–199頁）
十二神将立像（200–203頁）
文殊菩薩坐像（204頁）
維摩居士坐像（205頁）
五重塔
三条通り

興福寺境内図

*国宝を中心に、各堂に安置されている仏像を示しています(二〇一八年一〇月現在)。
*(　)内は本書に掲載しているページ数。

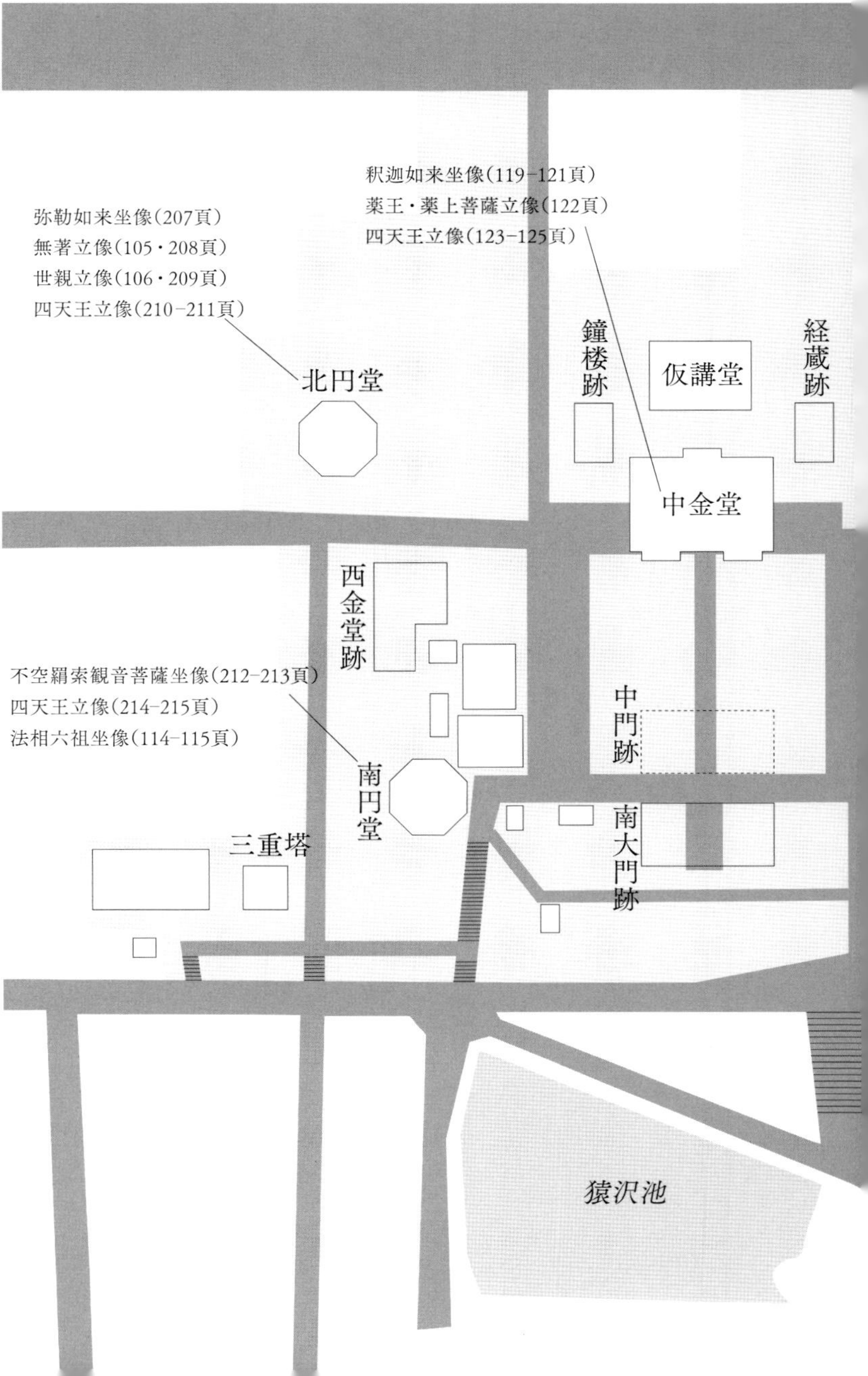

国宝館安置の仏像

国宝館が竣工されたのは、昭和三四年（一九五九）のこと。かつてここに立っていた細殿と食堂の地下遺構を保存しながら、天平の外観を復原した建物で、興福寺が世界に誇る仏教美術品を数多く収蔵し、一般参観に供されています。

今は礎石のみが残る西金堂に安置されていた仏像の多くも、ここに収蔵されています。

西金堂は、橘三千代の一周忌に当たる天平六年（七三四）一月一一日に、娘の光明皇后によって建立されました。その内部には、釈迦、両脇侍、羅漢十軀（十大弟子）、羅睺羅、梵天、帝釈天、四天王、八部神王（八部衆）などが安置されていたことがわかっています。

国宝館

西金堂は度重なる大火で焼失・復興を繰り返してきました。特に、治承四年（一一八〇）の平家の南都焼き討ちでは壊滅的な被害を受け、堂宇と多くの仏像が失われました。

しかし、名宝・阿修羅を含む八部衆像と十大弟子像（現存するのは六体）は、奇跡的に救出されています。創建期の天平の仏教文化を今に伝える貴重な宝といえるでしょう。

その後の鎌倉復興期につくられた運慶作の木造仏頭や康弁《こうべん》作の龍燈鬼と対の天燈鬼、金剛力士像などの慶派の作品も西金堂に安置され、今は国宝館に展示されています。

西金堂は、享保二年（一七一七）の大火で焼失したまま現在に至っています。いつの日か再興叶うことを願ってやみません。

阿修羅像

八部衆《はちぶしゅう》立像（旧西金堂）

脱活乾漆造　彩色／奈良時代／国宝

八部衆とは、古代インドの鬼神、戦闘神、音楽神、動物神などが釈迦に教化され、仏法の守護神となったもの。その生い立ちや性格はさまざまに説かれ、姿かたちは異教の神のまま表現されています。

『法華経《ほけきょう》』に記された八部衆は、天、龍、夜叉、乾闥婆《けんだつば》、阿修羅、迦楼羅《かるら》、緊那羅《きんなら》、摩睺羅伽《まごらか》と称しますが、興福寺の八部衆は天を五《ご》部浄《ぶじょう》、龍を沙羯羅《さから》、夜叉を鳩槃荼《くばんだ》、摩睺羅伽を畢婆迦羅《ひばから》に相当させます。この八部衆と十大弟子は西金堂創建時に本尊・釈迦如来像の周囲に安置されていたものです。

阿修羅像

像高 一五三・四cm

興福寺で一番人気を誇る阿修羅像。インド神話では、常に最高神のインドラ（帝釈天）に戦争をしかける戦闘的な神でしたが、決して勝利することができませんでした。それが宿命となって、阿修羅の生き方は、永遠に救われることのない六道（地獄・餓鬼・畜生・修羅・人・天）の一つに含まれることになったのです。

その姿は、通常、激しい怒り顔で牙《きば》を上に向け、三つの顔と六本の腕を持ち、肌は赤く表現されます。しかし興福寺の阿修羅には、激しい気性や怒りの表情は見えません。眉をひそめ憂いを含んだ敬虔な表情は、あたかも戦いを繰り返した自らの罪深い業を懺悔しているようです。
その深く繊細な表現は、私たちを魅了してやみません。

五《ご》部《ぶ》浄《じょう》像

像高 上半身 五〇・〇cm

『法華経』に記された八部衆の一番手「天」に相当する神で、当山では八部衆の最初にこの神を置くことによって、四天王や梵天・帝釈天などといった「天部」像を総称します。

陸で最大の動物であるゾウの頭をかたどった冠をかぶり、正面を凝視する真摯な表情と、少年の姿で表現されています。

像は胸から下を失っており（右手の肘から先の部分は東京国立博物館所蔵）、全容は明らかではありません。

また、八部衆は、ともに霊鷲山《りょうじゅせん》（釈迦が『無量寿経《むりょうじゅきょう》』や『法華経』などを説いたとされる山）に集い、釈迦の側に仕えて、静かに自分を見つめているとされています。

沙羯羅像《さから》　像高一五四・五cm

八部衆の「龍」に相当。水中に住み、雨を呼ぶ魔力を持ち、釈迦誕生の際には清浄水を注いで祝いました。頭に蛇を巻き、初々しい少年の姿で表現されます。

鳩槃茶像《くばんだ》　像高一五〇・五cm

八部衆の「夜叉」に相当。梵天がつくった水を守る神、死者の魂を吸う悪鬼、毘沙門天あるいは増長天の家来など諸説あり、像は炎髪にして、歯をのぞかせます。

乾闥婆像《けんだつば》　像高一四八・〇cm

帝釈天宮で簫《しょう》を吹き、諸神を供養する音楽神。天界の神酒ソーマの番人、また持国天の家来とも。像は正面を向き、獅子の冠をかぶって静かに目を閉じています。

乾闥婆像　鳩槃茶像　沙羯羅像

迦楼羅像《かるら》　像高 一四九・〇cm

インド神話上のビシュヌ神が乗る巨鳥で、龍を常食とします。鶏頭をもつ半獣半人像で、くちばしを強く尖らせ、目頭を立てて緊張した面持ちで表現されています。

緊那羅像《きんなら》　像高 一五二・四cm

毘沙門天の家来、または帝釈天宮の音楽神とも。キンナラとは「人か否か」という意味で半神とされ、頭上に一本の角をもち、額に第三の眼を縦長に表現しています。

畢婆迦羅像《ひばから》　像高 一五五・四cm

八部衆の「摩睺羅伽」に相当。大蛇を神格化したともいわれ、音楽を司る神で、横笛を吹いて諸神を供養します。顔はやや老相につくられ、あごひげをたくわえています。

迦楼羅像　緊那羅像　畢婆迦羅像

富楼那《ふるな》像　迦旃延《かせんねん》像　須菩提《すぼだい》像

十大弟子立像（旧西金堂）

脱活乾漆造　彩色／奈良時代／国宝
像高 一四四・三～一五二・七cm

釈迦には生涯に一二五〇人の弟子がいたとされ、なかでも優秀な高弟を十大弟子と呼びます。

一〇人の名は経典によって異なりますが、興福寺の場合は、大迦《だいか》葉《しょう》（頭陀《ずだ》第一）、阿那律《あなりつ》（天眼《てんがん》第一）、優波離《うぱり》（持律《じりつ》第一）、阿難陀《あなんだ》（多《た》聞《もん》第一）、富楼那《ふるな》（説法第一）、迦《か》旃延《せんねん》（論義第一）、須菩提《すぼだい》（解空《げくう》第一）、目犍《もくけん》連《れん》（神通《じんつう》第一）、舎利弗《しゃりほつ》（知恵第一）、そして釈迦の子どもの羅睺羅《らごら》（密行《みつぎょう》第一）を指し、カッコ内はそれぞれの得意分野を表す尊称です。明治初期までは一〇体そろっていましたが、今

舎利弗《しゃりほつ》像

目犍連《もくけんれん》像

羅睺羅《らごら》像

は六体のみが残ります。

興福寺の十大弟子像はいずれも髪を剃って袈裟をつけ、インド僧ではありますが日本の顔立ちで表されます。年齢や性格の違いが端的に表現されており、八部衆同様、天平の乾漆像を代表する名作です。

もっとも若い少年僧である須菩提像。阿難陀としてつくられたという説もある

板彫十二神将立像

木造　彩色／平安時代／国宝
像高 縦一〇〇・三～八八・九cm
横四二・七～三三・六cm
厚三・三～二・二cm

十二神将とは、薬師如来の守護神である十二の武神（下表参照）で、いずれも甲冑に身を固めた忿《ふん》怒相《ぬそう》で表現されます。

この国宝・板彫十二神将立像は、平安時代につくられました。厚さ約三センチメートルのヒノキの一枚板から彫りだした浮き彫り（レリーフ）で、東金堂の本尊薬師如来像の台座の腰部分にはめ込まれていたと考えられています。

類例の少ない日本の板彫り彫刻の中で十二面すべてが残る貴重な作品であり、その立体感や独特の

十二神将は次のとおり。

1 毘羯羅《びから》大将	2 招杜羅《しょうとら》大将	3 真達羅《しんだら》大将	4 摩虎羅《まごら》大将
5 波夷羅《はいら》大将	6 因達羅《いんだら》大将	7 珊底羅《さんていら》大将	8 頞儞羅《あにら》大将
9 安底羅《あんていら》大将	10 迷企羅《めきら》大将	11 伐折羅《ばさら》大将	12 宮毘羅《くびら》大将

真達羅大将像
十二面の神将のうち、唯一正面を向き（ほかに右を向く像五体、左を向く像六体）、合掌する姿で表現される

ユーモラスな表現などが、作者が第一級であることを示しています。

迷企羅大将像
短い衣を着て裸足だが、左足と右手を高く上げ、十二面の中でもっとも動きの激しいポーズをとる

宮毘羅大将像
炎髪で重装備、右手には剣を持ち、いかにも強靱な姿で表現。金毘羅《こんぴら》大将とも呼ばれる

銅造仏頭（旧東金堂本尊）

銅造　鍍金《ときん》／白鳳時代／国宝／総高 九八・三cm

昭和一二年（一九三七）、東金堂の現本尊台座内部から仏頭が発見され、大きな話題となりました。記録から、飛鳥の山田寺を創建し、大化の改新で活躍した蘇我倉《そがのくら》山田石川麻呂《やまだのいしかわのまろ》の冥福を祈るために、天武一四年（六八五）につくられた薬師如来の頭部であることが判明。文治三年（一一八七）に、山田寺から興福寺東金堂本尊として迎えられましたが、応永一八年（一四一一）の大火で首から下を失い、その四年後の再興時に本尊台座に納められたものでした。

すっきりとした目鼻立ちや青年のような若々しさに白鳳彫刻の造形美が表れた名品であり、左側の著しい損傷に火災で落下したときの衝撃が見て取れます。

木造仏頭（旧西金堂本尊）
付仏手《ぶつしゅ》二箇／木造　漆箔　彫眼／鎌倉時代／重要文化財／運慶作
像高 頂～顎 九八・〇cm

像内に「西金堂釈迦」と墨書されていることから、鎌倉再興期の文治五年（一一八九）頃につくられた西金堂本尊・釈迦如来像の頭部であることが知られます。幸いにも、享保二年（一七一七）の大火の際にも頭部は救出され、また同じ像の手の部分と思われる仏手も当山に残されています。

作者については諸説ありましたが、『類聚《るいじゅう》世《せ》要抄《ようしょう》』に収められた西金堂本尊に関する文治二年（一一八六）の記事に運慶の名が登場することから、運慶作と確認されました。また、「この像の眉間からは自然に光が発せられていたので白毫《びゃくごう》はつけなかった」とも記されており、白毫がついていないのも当仏頭の特徴です。

金剛力士《こんごうりきし》立像（旧西金堂）
木造　彩色　玉眼／鎌倉時代／国宝
阿形《あぎょう》像
像高　一五四・〇cm

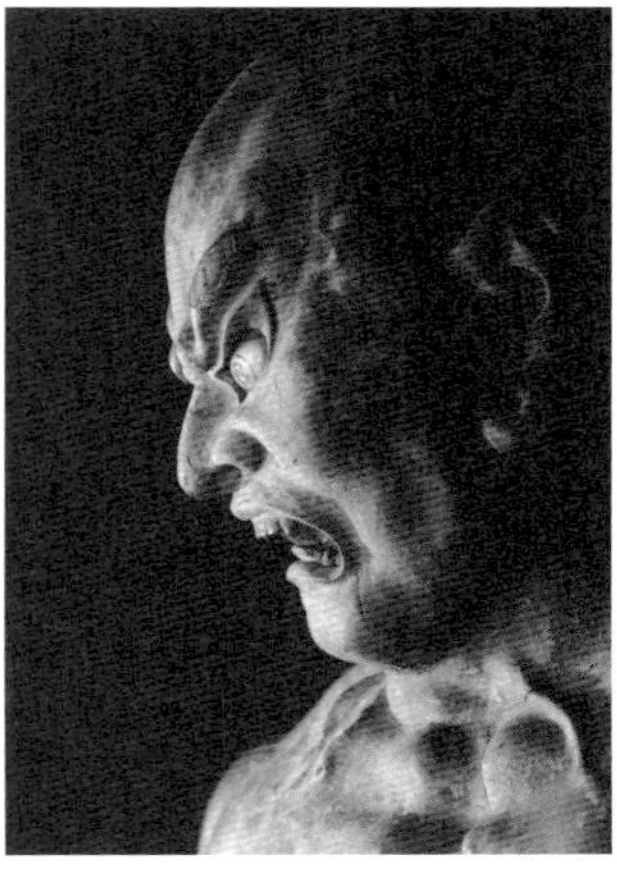

口を開いた阿《あ》形《ぎょう》と、閉じた吽《うん》形《ぎょう》で一対をなす金剛力士像。通常は南大門などの左右に安置されますが、この像は鎌倉時代再興期の西金堂須弥壇上に安置されていました。

この安置方法は奈良時代の東大寺法華堂などに見られますが、それ以降では極めて異例です。興福

吽形像《うんぎょう》
像高 一五三・七cm

寺でこれが採用されたのは、鎌倉復興期にも「天平への回帰」を目指したからにほかなりません。
リアルな筋肉の表現、躍動的なポーズ、緊張感のある表情など、写実性と力強さを備えた鎌倉彫刻の特徴を遺憾なく発揮しています。

天燈鬼《てんとうき》・龍燈鬼《りゅうとうき》立像（旧西金堂）

木造　彩色　玉眼／鎌倉時代／国宝

　鎌倉時代再興期の西金堂須弥壇上に安置された像で、四天王像に踏みつけられる邪鬼を独立させ、仏前を照らす役目を与えたものです。

　天燈鬼像は二本の角と三つの目をもち、燈籠《とうろう》を左肩に乗せて、やや横目で前方をにらみます。

　龍燈鬼像は頭上の燈籠を上目遣いににらみ、上半身に巻きついた龍の尻尾を右手でつかみます。

　龍燈鬼像は運慶の三男の康弁作で、天燈鬼像も康弁または彼に近い仏師の作と考えられています。

　阿吽、赤と青、動と静が対比的に表現され、ユーモラスなしぐさで人気を集める鬼彫刻の傑作です。

天燈鬼像
像高　七八・二cm

龍燈鬼像
像高　七七・八cm

千手《せんじゅ》観音《かんのん》菩薩《ぼさつ》立像（旧食堂）

木造　漆箔　玉眼／鎌倉時代
国宝／像高 五二〇・五cm

鎌倉時代再興期の食堂《じきどう》本尊で、五メートル超の巨像。千は「無数」を表し、あらゆる方法で人々を救う観音菩薩の慈悲を象徴します。

奈良時代の銅造観音菩薩像や、平安・鎌倉時代の小金銅仏など膨大な数の像内納入品がありましたが、現在は別置されています。

東金堂の仏像

東金堂は神亀三年（七二六）に聖武天皇が、病気を患っていた叔母の元正太上天皇の全快を願って建立されました。計五度にわたる被災と再建を繰り返し、現在の建物は応永二二年（一四一五）に再建されたもの。正面を吹き放しとした開放的なつくりと太い柱が特徴で、室町時代の再建ながら奈良時代の雰囲気を色濃く残しています。現在は薬師如来坐像を本尊に、国宝一八体、重要文化財三体を含む二一体が祀《まつ》られています。

東金堂
寄棟造／本瓦葺
室町時代／国宝

薬師《やくし》如来《にょらい》坐像

銅造　漆箔／室町時代／重要文化財
像高 二五五・〇 cm

現在の東金堂の本尊です。応永一八年（一四一一）に五重塔への落雷による火災で本尊が焼失してしまったため、新たに造立されました。土形原型による鋳銅造で全身に漆箔《うるしはく》され、頭部と体部は別鋳によるもの、台座は木造漆箔、左手に持つ薬壺は木造で寛永八年（一六三一）の補作となっています。その両脇には、薬師如来をサポートする代表的な仏様、日光菩薩・月光菩薩が安置されています。火災で焼失したかつての本尊とともに飛鳥・山田寺から運ばれてきた七世紀末の仏像とされています。

四天王立像

木造　彩色　瞳は黒漆／平安時代／国宝

〔右から〕持国天《じこくてん》像　像高 一六二・五 cm
増長天《ぞうちょうてん》像　像高 一六一・〇 cm
広目天《こうもくてん》像　像高 一六四・〇 cm
多聞天《たもんてん》像　像高 一五三・〇 cm

東金堂須弥壇の四方に一体ずつ安置されている四天王像です。治承四年（一一八〇）の平重衡の兵火によって東金堂が焼失し、再興された後に別の堂から移されたとされていますが、詳しいことはわかっていません。

いずれも像高は一・五メートル程度とさほど大きくありませんが、ボリューム感あふれる造形が特徴です。台座から頭の先まで、頭体の主要部を一本のヒノキから

彫り起こし、袖先、沓《くつ》先、邪鬼の脚などの突出部に別材をつぎ足しています。その迫力に満ちた造形と相まって、どっしりとした材の重量感に圧倒されます。

一方で、四天王から連想される強い怒りの表情は控えめで、特に増長天立像や多聞天立像には比較的穏やかな表情が見て取れます。

天衣は乾漆で形成されているほか、甲冑の縁や頭髪、邪鬼の髪といった部分には木屎漆《こくそうるし》と呼ばれる、木の粉と漆を混ぜた素材を盛り上げることによって、肉づけする手法も用いられています。これらのことから、天平彫刻から平安彫刻へと移行する過渡期の作品で、九世紀初め頃に造立されたものと考えられます。

十二神将立像

木造　彩色　彫眼／鎌倉時代／国宝
像高　一一三・〇〜一二六・六cm

東金堂の十二神将立像は十二体すべて現存する貴重な鎌倉時代の優品で、波夷羅《はいら》大将像の銘文から建永二年（一二〇七）頃のものとされます。

作者は不明で、その作風から定慶一門がかかわった可能性が指摘されていますが、表現のばらつきから分担して制作されたと考えられています。鎌倉時代の写実主義の影響を受けたリアルな造形が特徴で、熟練した彫刻技術と躍動感あふれる個性的なポーズが見どころです。それぞれ頭上に干支の十二支獣を戴いています。

毘羯羅大将像

招杜羅大将像

真達羅大将像

毘羯羅《びから》大将像（子）

古の武器である三鈷杵《さんこしょ》を右手に持つ。どこか遠方を眺めるようなおどけたポーズにも見えます。

招杜羅《しょうとら》大将像（丑）

思慮しているかのような不思議なポーズ。左手に持つのは太刀。人々の善行を助け、悟りの境地に導くといわれています。

真達羅《しんだら》大将像（寅）

胸元で合掌し、武器を手にしていません。人々の願いを叶え、無尽の施しをするとされています。

摩虎羅《まごら》大将像（卯）

左手に斧を持ち、何か言葉を発しているような表情が印象的です。右手の指二本で地面を指しているのはなぜでしょうか。

摩虎羅大将像

波夷羅大将像

因達羅大将像

波夷羅《はいら》大将像（辰）

沓裏の枘《ほぞ》に「建永二年四月廿九日菜色了」と銘文が残ります。足を前後に開き剣を抜く瞬間の動きを見事にとらえています。

因達羅《いんだら》大将像（巳）

口を真一文字に結んで相手をにらみつけるような表情です。左手には槍か戟《げき》のような長い武器を持っていたように見えます。

珊底羅《さんていら》大将像（午）

沓裏の枘に「衆阿弥」の銘文があることから衆阿弥が制作または彩色したとされます。右手には何か武器を持っていたのでしょうか。

頞儞羅《あにら》大将像（未）

右手で槍を持ち、突き出した腰に左手をあてた立ち姿と、強い意志を感じさせる表情が印象的です。

珊底羅大将像

頞儞羅大将像

安底羅大将像

安底羅《あんていら》大将像（申）

腰を突き出した独特の構えで、右手には宝鎚《ほうづち》と呼ばれる武器を持ちます。甲冑には上を向いた獅噛《しがみ》文様が見られます。

迷企羅《めきら》大将像（酉）

両手で槍を抱えるようにして持ちます。怒髪は一層逆立ち、口をへの字に結んで目をグッと見開いています。

伐折羅《ばさら》大将像（戌）

唯一の草履履き。腰を折り、剣を振り上げる誇張的な身ぶりで激しく威嚇《いかく》し、怒りの感情を爆発させています。

宮毘羅《くびら》大将像（亥）

なぜか片目をつぶり、食いしばるような表情を見せます。武器を持たずに両手に印を結んでいます。

迷企羅大将像

伐折羅大将像

宮毘羅大将像

文殊《もんじゅ》菩薩《ぼさつ》坐像

木造　彩色　玉眼／鎌倉時代／国宝
像高 九四・〇 cm

知恵を授ける仏様として知られている文殊菩薩。本尊薬師如来像に向かって右側の、維摩居士《ゆいまこじ》坐像と対称となる場所に安置されています。病気の維摩を見舞った際、弁舌に長けた維摩と対論した場面を表し、両手は持物をとる構えですが、持物は失われています。若々しく溌剌《はつらつ》としていながら冷静そのものの表情、円形の台座と後屏《こうへい》などが維摩と対照的です。ヒノキの寄木造《よせぎづくり》で、銘文はないものの、対となる維摩像と同様、定慶の作と推定されます。

維摩居士坐像《ゆいまこじ》

木造　彩色　玉眼／鎌倉時代／国宝
定慶作／像高 八八・六cm

古くから仏教徒の模範とされた維摩居士の坐像は、本尊薬師如来像に向かって左側に安置されています。像内の銘文から建久七年（一一九六）に奈良の有力な仏師、定慶によって造立されたものと判明しています。血管が走る頭部やしわが刻まれた目尻、険しさを感じさせる眉間や自在に流れる衣文《えもん》によって、激しい議論を繰り広げる老賢者を写実的に表現。台座と後屏を方形とするなど文殊菩薩像との対照性が強く意識されていることがわかります。

北円堂の仏像

養老五年（七二一）、平城京造営の推進者で、興福寺創建者でもあった藤原不比等の霊を慰めるため、元明太上天皇と元正天皇の発願により平城京を一望できる場所に建立された八角円堂です。生前、弥勒信仰を持っていた不比等のため、本尊には弥勒如来像が安置されましたが、治承四年（一一八〇）に被災し、現在の建物は承元四年（一二一〇）頃に再建されたもの。一面が四・九メートル、対面径一一・七メートルの堂宇は三重塔と並び興福寺現存最古で、現存する運慶最後の作品が安置されています。

北円堂
八角円堂／本瓦葺
鎌倉時代／国宝

弥勒如来坐像

木造　彩色　彫眼／鎌倉時代／国宝
運慶作／像高 一四一・九cm

北円堂の須弥壇中央に安置される本尊で、弥勒菩薩が五六億七〇〇〇万年後に成仏した姿です。像内の願文には建暦二年（一二一二）の年記があり、この頃に完成していたものと思われます。台座内枠には運慶一門の仏師の名が墨書されており、彼らを強力に統率、指導していた運慶による晩年の作として知られます。カツラ材による寄木造となっていて、光背や台座の一部は後に補われていますが、本体は指の一部などを除いて造像当初の姿をよく残しています。意志の強さを感じさせる表情と、バランスのとれた姿からは円熟した作風が見て取れ、運慶の意図に一門の仏師たちが応えた仏像であることが伝わります。

無著《むじゃく》立像

木造　彩色　玉眼／鎌倉時代／国宝
運慶作／像高 一九四・七cm

無著と世親は四～五世紀頃に北インドで活躍した兄弟の僧侶です(二〇五、二〇六頁参照)。こちらの像は鎌倉時代復興時に二体一組としてつくられ、運慶の指導の下に、無著像は運助《うんじょ》が、世親像は運賀《うんが》が担当しました。インド僧ですが日本の僧侶の姿で表され、運慶が理想とした求道者のイメージが具現化されています。

無著は老人の姿で、優しい表情でやや右下方向を見つめます。左の手のひらに宝袋箱を乗せて胸の前にささげ持ち、右手をそっと添えています。この宝袋箱には仏舎

利が納められていると考えられています。

世親は壮年の姿で少し眉をひそめて遠方を見つめ、その確固とした視線が玉眼によって生き生きと表現されています。無著像と同じような両手の形をとりますが、左手の持物は失われています。

いずれの像も写実性とたくましい量感を併せ持ち、日本肖像彫刻の最高傑作といわれています。

世親《せしん》立像

木造　彩色　玉眼／鎌倉時代／国宝

運慶作／像高　一九一・六cm

四天王立像

木心乾漆造　漆箔　彩色
平安時代／国宝
〔右から〕持国天像　像高一三六・六cm
増長天像　像高一二五・〇cm
広目天像　像高一三九・七cm
多聞天像　像高一三四・七cm

北円堂の八角須弥壇の四方の隅にそれぞれ外方を向いて弥勒菩薩を守る四天王像です。増長天と多聞天の台座の框《かまち》裏にある墨書から、この像は奈良の大安寺四天王像で、延暦一〇年（七九一）に制作されたことが判明しています。この時期の仏像は制作年が不明のものも多いので、その意味でも貴重な存在です。

ヒノキ材を荒彫りし、麻布を漆で貼りつけ、木屎漆（一九九頁参照）

を盛り上げて整形する技法、木心《もくしん》乾漆造《かんしつづくり》でつくられています。手には武器や宝塔などの持物を持っていたと思われますが、現在は失われています。

いずれも一・四メートルに満たない像高ながら、持国天・増長天のカッと目を見開き口をへの字に結んだ表情や、やや異国的な顔立ちの多聞天の何かをじっと見つめるような表情は非常に特徴的。大げさなポーズや、上半身より下半身に重点を置いた誇張的な造形も相まって、ユーモラスな印象を抱く人も多いことでしょう。

南円堂の仏像

弘仁四年（八一三）、藤原冬嗣が父・内麻呂追善のために建立した八角円堂です。藤原北家の祖ゆかりの南円堂は藤原氏の氏寺だった興福寺にとって特別な存在です。中世には西国三十三所観音霊場の一つとして庶民の信仰を集めました。基壇築造の際、地神を鎮めるため和同開珎や隆平永宝《りゅうへいえいほう》を撒いたことが発掘調査で明らかになり、これに弘法大師がかかわったとも諸書に記されています。四度の火災と再建を経て、現在の建物は寛政元年（一七八九）頃の再建。不空羂索観音菩薩像を本尊とし、法相六祖像、四天王像が安置されています。

南円堂
八角円堂／向拝付／本瓦葺
江戸時代／重要文化財

不空羂索観音菩薩《ふくうけんさくかんのんぼさつ》坐像

木造　漆箔　彫眼で瞳は玉眼
鎌倉時代／国宝／像高 三三六・〇cm

南円堂の本尊。変化観音の一つで、手に持つ羂索（縄）であらゆる衆生をもれなく救済する観音です。運慶の父・康慶一門によるもので、治承四年（一一八〇）の平重衡による焼き討ちの後、旧本尊の復原を目指して文治五年（一一八九）に一五か月を費やして再興されました。

高さ三・三メートルを超える巨像は迫力満点で、光背や台座、威厳のある顔つきには天平の古典様式が踏襲されつつ、重量感あふれる姿や厚みのある上瞼《まぶた》などに独自の表現が見られます。

四天王立像

木造　彩色　彫眼／鎌倉時代／国宝

〔右から〕持国天像　像高　二〇四・〇cm
増長天像　像高　二〇二・二cm
広目天像　像高　二〇四・五cm
多聞天像　像高　一九八・〇cm

南円堂の四天王立像は、康慶工房の仏師の一人、実眼《じつげん》が担当しました。ややゆったりとしたポージングや、華美な兜《かぶと》の装飾、重厚感ある体つきの表現などに一二世紀の奈良彫刻の伝統的な描写が踏襲されています。かつては中金堂に安置されていましたが、近年の研究で南円堂にあったものと判明、平成二九年（二〇一七）に戻されました。

瞳に玉をはめた玉眼が、南円堂の本尊・不空羂索観音像（二一五頁）とも共通する。玉眼は写実的表現を追求した鎌倉時代に、生き生きとした眼の表現として流行した

興福寺略年表

時代	西暦（和暦）	興福寺の歴史
白鳳	六四五年（大化元）	この頃、藤原（中臣）鎌足が釈迦三尊像を造立
	六六九年（天智八）	鎌足の妻、鏡女王が山階陶原に山階寺を建立
	六七二年（天武元）	飛鳥浄御原宮に遷る。この頃、山階寺を大和国高市郡厩坂に移し、厩坂寺と称す
奈良	七一〇年（和銅三）	平城遷都。藤原不比等、厩坂寺を平城京左京三条七坊に移し、興福寺と号す
	七一四年（和銅七）	中金堂を供養
	七二一年（養老五）	元明・元正天皇、北円堂を建立
	同	橘三千代、中金堂に弥勒浄土像を造立
	七二六年（神亀三）	聖武天皇、東金堂を建立
	七三〇年（天平二）	光明皇后、五重塔を建立
	七三四年（天平六）	光明皇后、西金堂を建立。十大弟子・八部衆像等を造立
	七四六年（天平一八）	講堂本尊不空羂索観音菩薩像を造立
	七九一年（延暦一〇）	講堂に阿弥陀三尊像を造立
	同	北円堂四天王像を造立
平安	八一三年（弘仁四）	藤原冬嗣、南円堂を建立

九七〇年(天禄元)　興福寺別当定昭、一乗院を建立
一〇一三年(長和二)　薬師如来坐像を造立
一〇一七年(寛仁元)　五重塔・東金堂焼失
一〇三一年(長元四)　五重塔・東金堂を供養
一〇四六年(永承元)　北円堂・倉を除く諸堂焼失
一〇四七年(永承二)　造興福寺司を定め再興始める
一〇四八年(永承三)　中金堂・講堂・南円堂等を供養
一〇四九年(永承四)　北円堂・唐院・伝法堂等焼失
一〇六〇年(康平三)　中金堂・講堂・中門・南大門・僧房等焼失
一〇六七年(治暦三)　中金堂・講堂等を供養
一〇七八年(承暦二)　五重塔・西金堂を供養
一〇八七年(応徳四)　隆禅、大乗院を建立
一〇九二年(寛治六)　北円堂・食堂を供養
一〇九六年(嘉保三)　中金堂・講堂・三面僧房・南大門焼失
一一〇三年(康和五)　中金堂・講堂等を供養
一一四三年(康治二)　皇嘉門院、三重塔を建立
一一八〇年(治承四)　平重衡の兵火により、ほぼすべての堂宇を焼失
一一八二年(寿永元)　東金堂・西金堂を上棟
一一八六年(文治二)　講堂再建、食堂もこの頃再建
一一八七年(文治三)　山田寺薬師三尊像を東金堂に移す
一一八九年(文治五)　南円堂再建なり、諸仏開眼供養

時代	西暦（和暦）	興福寺の歴史
鎌倉	一一九四年（建久五）	中金堂・南円堂等を供養
	一一九六年（建久七）	東金堂維摩居士像を造立―仏師・定慶
	一二〇〇年（正治二）	この頃、五重塔を再建
	一二〇二年（建仁二）	梵天像を造立―仏師・定慶
	一二〇七年（建永二）	この頃、東金堂十二神将像を造立
	一二〇八年（承元二）	北円堂諸像の造立を始める―仏師・運慶
	一二一〇年（承元四）	この頃、北円堂を再建
	一二一五年（健保三）	西金堂天燈鬼・龍燈鬼（仏師・康弁）像を造立
	一二二九年（寛喜元）	この頃、食堂千手観音像を造立
	一二三二年（貞永元）	西金堂八部衆・十大弟子像を修理
	一二七七年（健治三）	中金堂・講堂・三面僧房・中門・南大門等焼失
	一三〇〇年（正安二）	中金堂等を供養
	一三二七年（嘉暦二）	中金堂・講堂・西金堂・南円堂・中門・南大門等焼失
南北朝	一三四五年（康永四）	この頃までに西金堂を再建
	一三四七年（貞和三）	中金堂に本尊像を安置
	一三五六年（文和五）	五重塔・東金堂焼失
	一三六八年（応安元）	東金堂を上棟
	一三七五年（永和元）	五重塔を立柱

室町・安土桃山	一三九九年（応永六）	中金堂、南円堂を供養
	一四一一年（応永一八）	五重塔・東金堂・大湯屋焼失
	一四一五年（応永二二）	東金堂再建なり、本尊を造立
	一四二六年（応永三三）	五重塔を再建
	一四五一年（宝徳三）	徳政一揆により、大乗院（禅定院）等焼失
	一五九五年（文禄四）	文禄検地、興福寺・春日社領として二万一〇〇〇石余が定まる
江戸	一七一七年（享保二）	中金堂・講堂・僧房・西金堂・南円堂・中門・南大門焼失
	一七四一年（寛保元）	南円堂を立柱
	一八一一年（文化八）	中金堂本尊像を造立
	一八一九年（文政二）	中金堂を建立―篤志家の寄進による仮堂建築
明治	一八六八年（明治元）	神仏分離令が発令
	一八七一年（明治四）	上知令が発せられ、中金堂、食堂、大湯屋が没収され、堂塔とその周辺地を除いて寺地を没収される
	一八七四年（明治七）	食堂・細殿を取り壊す。中金堂須弥壇下から鎮壇具出土（一回目）
	一八八〇年（明治一三）	興福寺旧境内を奈良公園とする
	一八八一年（明治一四）	興福寺再興が許可される
	一八九七年（明治三〇）	古社寺保存法が公布され、北円堂・三重塔・五重塔・東金堂が特別保護建造物に、北円堂弥勒如来像等が国宝に指定

時代	西暦（和暦）	興福寺の歴史
明治	一九〇〇年（明治三三）	五重塔修理（～一九〇二年）
	一九〇八年（明治四一）	三重塔修理（～一九一〇年）
昭和	一九三七年（昭和一二）	東金堂修理中に銅造仏頭発見
	一九五九年（昭和三四）	食堂跡に宝物収蔵庫（現・国宝館）建設
	一九六五年（昭和四〇）	北円堂修理完了
	一九七四年（昭和四九）	中金堂老朽化のため仮金堂（現・仮講堂）建設、中金堂諸仏移座
	一九七九年（昭和五四）	三重塔修理完了
平成	一九九六年（平成八）	南円堂修理完了
	一九九八年（平成一〇）	二月 興福寺境内整備構想を発表
	二〇〇〇年（平成一二）	八月 仮再建の中金堂を解体
	二〇〇九年（平成二一）	一一月 中金堂地鎮鎮壇法要
	二〇一〇年（平成二二）	一〇月 中金堂立柱
	二〇一四年（平成二六）	五月 中金堂上棟
	二〇一八年（平成三〇）	一〇月 中金堂落慶

参考文献

『興福寺のすべて 歴史 教え 美術』多川俊映・金子啓明 監修／二〇〇四年／小学館
『もっと知りたい 興福寺の仏たち』金子啓明 著／二〇〇九年／東京美術
『興福寺中金堂再建・法相柱 柱絵完成記念 興福寺の寺宝と畠中光享』／二〇一七年／青幻舎
『仏像 みる・みられる』多川俊映 著／二〇一八年／ＫＡＤＯＫＡＷＡ
読売新聞連載「時代の証言者」94回「寺を建てる 瀧川昭雄」／二〇一四年
『めざすは飛鳥の千年瓦』山本清一 著／二〇〇六年／草思社
「月刊大和路 ならら」（特集 大和「瓦」三昧）二一三号／二〇一六年六月号／地域情報ネットワーク株式会社
一般社団法人 日本伝統瓦技術保存会（文化庁認定、選定保存技術保存団体）第三回 事業報告書／平成二二年（二〇一〇）度版
「MUSEUM」（東京国立博物館研究誌）第五九三号／二〇〇四年一二月／東京国立博物館
『日本の古代瓦 増補改訂版』森郁夫 著／二〇〇五年／雄山閣

写真　東京国立博物館 Image: TNM Image Archives　口絵ii(左上・下)、二八頁
株式会社青幻舎　口絵iii(下)、一〇三頁、一〇五―一一八頁(法相柱 祖師画)
興福寺　口絵iv(右上)、七〇頁(下)、七八頁、八二頁(上)、一六七頁(下)
瀧川寺社建築　口絵iv(右下・左上・下)、五三頁、八一―八五頁、一三〇―一五五頁、一六一頁(上)、一六七頁(上)
奈良まちあるき風景紀行　四八頁
奈良県立橿原考古学研究所　一六一頁(下)
(一五六―一五九頁、一七二―一七三頁 編集部)
ほか、すべて飛鳥園

協力(敬称略)　株式会社瀧川寺社建築
山本瓦工業株式会社
株式会社青幻舎
畠中光享
株式会社飛鳥園

編集　清水智津子　南部麻子
構成　小林資子
取材　近内明子(一三〇頁―一五五頁)
図面作成　田中デザイン(七五頁、一七八―一七九頁)

多川俊映　たがわ・しゅんえい

一九四七年三月六日、奈良県生まれ。六九年立命館大学哲学科（心理学専攻）を卒業し、八九年より興福寺貫首を務める。中金堂の再建など興福寺の天平の文化空間の再構成を目指した伽藍復興に精力的に取り組み、唯識仏教や仏教文化論にかかわる執筆や講演活動を行なっている。著書に『唯識入門』『貞慶「愚迷発心集」を読む』（以上、春秋社）、『旅の途中』（日本経済新聞出版社）、『合掌のカタチ』（平凡社）、『唯識とはなにか　唯識三十頌を読む』（角川ソフィア文庫）、『心を豊かにする菜根譚33語』（祥伝社黄金文庫）、『仏像　みる・みられる』（KADOKAWA）などがある。

蘇《よみがえ》る天平《てんぴょう》の夢《ゆめ》
興福寺《こうふくじ》中金堂《ちゅうこんどう》再建《さいこん》まで。25年《ねん》の歩《あゆ》み

二〇一八年一〇月二三日　第一刷発行

著者　多川俊映《たがわしゅんえい》

発行者　手島裕明

発行所　株式会社　集英社インターナショナル
〒一〇一－〇〇六四　東京都千代田区神田猿楽町一－五－一八
電話　〇三－五二一一－二六三二

発売所　株式会社　集英社
〒一〇一－八〇五〇　東京都千代田区一ツ橋二－五－一〇
電話　読者係〇三－三二三〇－六〇八〇　販売部〇三－三二三〇－六三九三（書店専用）

印刷所　大日本印刷株式会社

製本所　ナショナル製本協同組合

ISBN978-4-7976-7362-3 C0095